TRAITÉ
DE L'HABIT HONNESTE
DV
CHRESTIEN

AVSSI NOVVEAV EN SON
STILE QV'EN SON SVIET
PAR LA PAROLLE DE DIEV.

DIVISÉ EN QVATRE PARTIES.

Composé en l'âge de quatre vingts &
neuf ans par Monsieur PEREZ, *Pre-*
dicateur & Conseiller du feu Roy.

ET

Dedié à la Majesté de la Reyne.

A PARIS,

Chez IEAN IVLIEN, ruë de la Harpe,
aux quatre Euangelistes.

M. DC. LIV.

Auec Approbation & Priuilege.

A LA
REYNE.

MADAME,

La souuenance que i'ay
du bon visage auec lequel V. M. receut
autrefois de moy vne petite Chienne de
pris, ma fait croire qu'elle ne receura
pas auec vn moindre ce petit Traicté
de l'habit honneste du Chrestien, que
i'ay composé contre le luxe & dissolutions d'habits de la pluspart des Chrestiens de nostre siecle. Lesquels s'estans
esloignez de la simplicité de nos premiers parens (qui ne furent vestus en
leur naissance, que des fueilles & des
peaux) se sont si fort addonnez à ses

vaines mondanitez ; qu'aujourd'huy
ils ne paroiſſent en l'Egliſe que comme ſes Taches , dont parle S Iude en
ſa Catholique. Qu'eſt la raiſon pourquoy Madame i'ay dedié ce petit Trai-
ẽté à V. M. pour le faire valoir à la
gloire de Dieu. Car auſſi à qui le pouuois-
ie mieux dédier qu'à V. M. qui à le
pouuoir de faire qu'il ſoit obey en ſes
Loix dans voſtre Eſtat. Mais encore
à qui mieux qu'à vous Madame qui
eſtes vn modelle ſi parfait de toute modeſtie en voſtre veſtement, qu'à vray dire
il fait tout l'ornement du ſiecle. Sans
parler de vos autres vertus royales &
Chreſtiennes qui ſe ſont tellement faites admirer d'vn chacun en toutes vos
actions , Et ſur tout en voſtre Re-
gence , que c'eſt au delà de toute merueille. Vne choſe, pourtant me déplait,
que l'aage que i'ay attaint de qua-
tre-vingt & neuf ans , ne me per-

A LA
REYNE.

MADAME,

La souuenance que i'ay
du bon visage auec lequel *V. M.* receut
autrefois de moy vne petite Chienne de
pris, ma fait croire qu'elle ne receura
pas auec vn moindre ce petit Traicté
de l'habit honneste du Chrestien, que
i'ay composé contre le luxe & dissolutions d'habits de la pluspart des Chrestiens de nostre siecle. Lesquels s'estans
esloignez de la simplicité de nos premiers parens (qui ne furent vestus en
leur naissance, que des fueilles & des
peaux) se sont si fort addonnez à ses

vaines mondanitez ; qu'aujourd'huy
ils ne paroiſſent en l'Egliſe que comme ſes Taches , dont parle S. Iude en
ſa Catholique. Qu'eſt la raiſon pourquoy Madame i'ay dedié ce petit Trai-
ĉté à V. M. pour le faire valoir à la
gloire de Dieu. Car auſſi à qui le pouuois-
ie mieux dédier qu'à V. M. qui à le
pouuoir de faire qu'il ſoit obey en ſes
Loix dans voſtre Eſtat. Mais encore
à qui mieux qu'à vous Madame qui
eſtes vn modelle ſi parfait de toute mode
ſtie en voſtre veſtement, qu'à vray dire
il fait tout l'ornement du ſiecle. Sans
parler de vos autres vertus royales &
Chreſtiennes qui ſe ſont tellement faites admirer d'vn chacun en toutes vos
actions, Et ſur tout en voſtre Re-
gence, que c'eſt au delà de toute merueille. Vne choſe, pourtant me déplait,
que l'aage que i'ay attaint de qua-
tre-vingt & neuf ans , ne me per-

met d'en dire d'auantage. Car le Ciel,
qui ne s'est pas monstré chiche de toutes ses vertus, vous en a tant d'e-
party, que pour en parler dignement,
il faudroit auoir le Pinceau Dapelles,
à qui Alexandre le Grand défera
l'honneur de le peindre, crainte que
tous les autres Peintres n'y fissent faute. Or Madame ï en suis là. Mais ie
ne laisse pas pour cela desperer de vostre bonté, qui preside sur tant d'autres vertus, dont V. M. est doüée,
qu'elle ne fera pas difficulté d'accepter
ce petit Ouurage que ie vous offre en
toute humilité pour le proteger contre
les Picoteries des mondains & mondaines. Car ores qu'il soit au dessous
de vos perfections incomparables, si
est-ce que ce ne luy sera pas vn petit
aduantage de se produire au iour sous
les Auspices d'vne Reyne, qui est
au iourd'huy l'admiration de l'Eu-

rope. Faites moy donc la grace Madame, de luy donner vn accez fauorable
à tout le moins pour mes seruices que
i'ay rendu au Roy au peril de ma vie
en la Rochelle, condamné par contuma-
ce à la mort & ruiné tellement en ma
maison de Tadon, que maintenant il
ne s'en trouue pas vne pierre. Or cela n'empesche pas que ie ne sois tous-
jours

MADAME,

Vostre tres-humble & tres-obeïssant
seruiteur & subjet PEREZ.

PREFACE
DE L'AVTHEVR
AV SVIET DE CE TRAITE'.

IL ne se faut pas estonner, si depuis
que nos premiers parans furent vestus
des fueilles & de peaux, nous voyons le
luxe & débordement d'habits tant ac-
creu dans le monde. Parce que la necessité qui n'a point de Loy : a contraint
tout premierement les Septentrion-
naux, Moscouites, Tartares & autres de
se vestir d'habits fourrez, ou de grosses
mantes, à l'opposite des Meridionnaux
Bresiliens & Sauuages, qui viuans sous
vn air plus benin, vont tous nuds ou vestus à la legere. Et de plus : c'est que la
malice des hommes qui va en croissant
peu à peu, à bien sceu empoigner l'occasion de les multiplier en plusieurs &
diuerses manieres, non seulement en
l'Europe, Asie & Afrique, mais aussi és
Isles des Barbares, Ce seroit encore peu

ſi la curioſité qui à ſurmonté tout cela,
n'auoit engendré vne ſi grande difference d'habits tant au ſexe maſculin
qu'au feminin : qu'à dire vray c'eſt choſe
eſtrange de voir les modes diuerſes, dont
les hommes de ce ſiecle ſont veſtus. En
quoy il ſemble que la pluſpart des Chreſtiens d'aujourd'huy leur portent enuie,
quand plus curieux qu'ils ſont d'vne
ſomptueuſe veſture que d'vne rare vertu, ont comme mis la derniere main à
ce roole, changant ſes premiers habits
des fueilles & de peaux en des veſtemens
mondains. Non pas que l'intention de
noſtre Dieu fut d'interdire par cét exemple l'vſage d'autres eſtoffes, qui peuuent
ſeruir à nos veſtemens, mais d'en eſ-
loigner ſeulement toutes vaines ſuperfluitez, qui luy déplaiſent, afin de les
auoir touſiours modeſtes & honneſtes:
Mais tant s'en faut que cela ſoit qu'au
contraire c'eſt à qui pis pis ; Car les Chreſtiens n'excedent pas ſeulement en eſtoffes de haut prix & en luxe d'habits, mais
auſſi en façons non moins ridicules que
deshonneſtes. Or comme ainſi ſoit que
les deſordres & les excez des veſtemens
ſoient des plus grandes corruptions de ce

monde auſſi ſont-ils plus difficiles à que-
rir pour eſtre fruits; non ſeulement d'orgueil & de vanité, mais encore d'autres tres-grands vices, du tout attachez
à la nature des hommes. D'où vient que
les grands perſonnages qui ont dreſſé
des polices y ont touſiours trauaillé. Iu-
gant bien que la ciuilité & honneſteté en
cét endroit, n'eſtoit pas la moindre partie des reglemens neceſſaires à vn Eſtat.
C'eſt pourquoy ils ont fait des ordõnan-
ces meſme auec peine, encore qu'il n'eſt
guere arriué qu'elles ayent eſté receuës
& de longue durée. Rome l'ancienne fut
vne republique ſi obeyſſante que toute
ſa grandeur proceda delà. Mais comme
à la pourſuite d'Opius on eut fait vne
Loy pour empeſcher les abus des femmes en leurs veſtemẽs, cette Loy ne dura
pas plus de 20. ans (comme dit Tite Liue Ch. 4.
au liure de la guerre de Macedoine.) Car
eſtans impatientes de ce ioug, elles mi-
rent par leurs menées toute la Ville en
trouble. Et ne ceſſerent iuſques à ce que
la bride leur fut laſchée, quoy que le
Conſul Caton & autres perſonnes ſages
ſe fuſſent oppoſées en vain à vne telle
licence. Or puiſque nous ſommes ſur ce

ſujet il n'ennuira pas au Lecteur d'apprendre l'Hiſtoire du Roy Zeleucus, lequel voyant que les Loix honneſtes qu'il
auoit faites ſur ſe ſuiet dans ſon Royaume, n'auoient de rien ſeruy. Il s'auiſa
d'en faire d'autres auec des exceptions
ſi honteuſes que ie crains de les reciter:
ordonnant. *Que la femme de condition libre
ne porteroit ioyaux d'or à l'entour de ſa perſonne, n'y robe enrichie de broderie ſi elle n'e-
ſtoit Putain publique. Plus qu'il ne ſeroit loiſible à hôme de porter bague d'or en ſes doigts,
n'y aucune robe delicate, comme ſont celles des
draps tiſſus en la Ville de Mulet, ſauf aux
Ruſiens.* Car ce Roy penſoit exterminer
ſes excez & diſſolutions d'habits par cét
expedient infamant ſes ſuiets, qui re-
fuſoient d'obeyr à ſes Loix. Mais de
noſtre âge n'auons nous pas veu que
quand nos Roys ont penſé y donner ordre & quelquefois par des remedes aſſez
ſeueres que cela n'a ſeruy qu'à irriter la
malice & la peruerſité des peuples à faire
pis. Voire Dieu meſme y à bien voulu
interpoſer ſon authorité auec menaces
& en faire des commandemens expres
en ſa parole, comme il eſt aiſé de l'aper-
ceuoir par les plaintes des Prophetes &

autres grands seruiteurs de Dieu d'âge
en âge, sans que pour tout cela les desordres ayent cessé. Et aussi ie ne craindray pas de vous dire que l'obstination
de ces vices estant au Iugement de plusieurs desesperée, estoit voirement bas-
tante de moster le courage d'y mettre
la main, n'y ayant pas d'apparence de
rien profiter par vn simple escrit, ou les
Loix des Princes & les peines y ont si peu
seruy. Toutefois deux choses m'ont
poussé en telle difficulté de prendre ma
part de ce faix. Premierement l'importance de ses desordres, qui vont en aug-
mentant aujourd'huy & puis la qualité
des personnes Chrestiennes, ausquelles
ie pretends de parler. Car pour le regard du danger des desordres, il y à des
maladies au corps humains que force est
de les laisser prendre cours, pour ce
qu'estant naturelles, ne nuisent pas
beaucoup à la santé. Mais il n'en prend
pas ainsi de ses dissolutions d'accoustremens. Car outre les inconueniens que le
luxe attire tousiours sur les familles &
sur les republiques mesmes, il y à vne re-
pugnance si manifeste à la vocation des
Chrestiens qu'à dire vray, leur pieté &

ã iij

integrité ne peut estre entiere auec cela. C'est vn mespris & transgression ou-
uerte des ordonnances de Dieu, laquelle ne peut qu'engendrer des effets bien à
craindre, si nous considerons attentiue-
ment que ce fut iadis vne des causes de la
ruine de Hierusalem & de tout l'Estat
par le resmoignage du Prophete Esaïe.
Le mal donc n'est point tel qu'il le faille
delaisser par sa difficulté, au contraire,
c'est bien nostre deuoir de nous euertuer
d'autant plus à le combattre par tous
moyens. Quoy que nos remonstrances
ne seront guere bien receuës que des vns
& mesprisées des autres. Mais pourtant
vne chose me console en mon esperance,
c'est que ie m'adresse non point aux foles & mondaines qui ont perdu toute
honte & n'ont rien plus de l'honnesteté
cemmune, mais aux personnes Chrestiens qui font profession d'oüyr les remonstrances & de vouloir reformer toutes les parties de leur vie à vne vraye pureté. Car encore que les débordemens
soient si grands & par consequent mal-
aisé de les reformer, toutefois ie veux
croire qu'il y en a plusieurs de ceux qui
faillent en ces excez auec le monde, les-

quels le font pluſtoſt par ignorance &
faute d'auis que par meſpris & obſtina-
tion. Et pourtant, i'ay cette eſperance
que volontiers ils me donneront le loiſir
de parler icy à eux ſur ces deſordres &
leur faire entendre comment ils auront
à ſe gouuerner pour ſe deliurer de toute
corruption. Et quant en cela ie feray
ſeruice à aucuns, certes cela me ſuffira
maintenant pour toute ma peine & re-
compence. Il eſt bien vray qu'aucuns
ont cette opinion, qu'il n'eſt pas bien
ſeant à la dignité du Miniſtere Eccleſia-
ſtique, que Dieu nous à commis, de ſe
formaliſer ainſi pour des habits & des
coiffures, diſans que ce ſont choſes legeres que nous deurions pluſtoſt laiſſer à la
diſcretion d'vn chacun. Mais telles gens
ne conſiderent pas l'importance du mal
que nous y voyons & auquel noſtre deuoir nous contraint de nous y oppoſe-
par des ſaintes & ſerieuſes remonſtran-
ces. Car ce n'eſt pas auſſi noſtre intention de prendre les ciſeaux & la croye
pour tailler à l'vn & à l'autre ſon accouſtrement, mais bien de corriger les vanitez des hommes, bannir le monde du
milieu de nous, reprimer l'orgueil, em-

à iiij

pescher les conuoitises & allechemens
au mal, En somme que ceux qui se disent
Chrestiens ayent toutes les parties de
leur vie pures, sainctes & correspondan-
tes à leur vocation. Si cela ne se peut obmettre que ce ne soit laisser la vie des
hommes à l'abandon du vice, aussi ne
peut-on dire quand nous y metons la
main que nous fassions rien qui ne se doiue faire. Et quand quelqu'vn se voudroit plaindre de nous plus auant, nous
appellerons tousiours pour Autheurs de
ce deuoir les Prophetes & Apostres &
tous ceux d'apres eux, qui ont desiré voir
l'Estat des hommes & des femmes Chrestiennes bien ordonné. Desquels nous
auons encore aujourd'huy les escrits
pleins de remonstrances à cela. Et entre
les autres Esaïe ose entrer iusques aux
cabinets des femmes de son temps &
faire la reueüe de leurs besognes depuis
l'escarpin iusques à l'habillement de la
teste ; Certes on eut peu dire alors à ce
Prophete, que c'estoit vne curiosité indigne de la grandeur d'vn tel personna-
ge, Mais il les vouloit ainsi conuaincre
de vanité, de leur orgueil & dissolutions,
& quant & quant de nous laisser vn

exemple de semblable deuoir à rechercher & sonder les maladies plus auant en
tous les endroits de la vie, afin d'y appliquer les remedes par admonitions plus
expresses & particulieres. Et en la Loy il
se trouuera comme Dieu à fait plusieurs
ordonnances qui ne seruoient que d'enseigner au peuple la façon & la maniere
de se vestir. Estant deffendu à l'homme
de prendre l'habit de la femme & à la
femme celuy de l'homme, de s'accou-
strer du tissu de matieres diuerses, d'a-
uoir des robes autrement qu'auec franges par les bords, voire mesme la façon
de faire ses cheueux tant de la teste que
de la barbe y estoit prescripte. C'estoient
pourtant choses en apparence de petite
importance & indigne des soins d'vn si
grand Dieu. Mais voila, c'est qu'en re-
commandant à ce peuple la saincteté, il
entendoit y comprendre toutes les parties de la vie afin qu'elle fut partout sans
exception & que leurs accoustremens,
qui en font partie, ne fussent point soüil-
lées de tasche aucune de dissolution &
d'impudicité & qu'il n'y eust aucune
marque d'impudence & d'audace effre-
née aux femmes & aux hommes d'vn

Deut.
22.
Leuit.
19.

cœur lafcif & effeminé. Bref que tout
leur eftat peut refmoigner qu'ils eftoient
vn peuple à part, ne communiquans pas
mefme iufques aux moindres chofes des
ordures & fuperftitions de fes voifins.
Or il y auoit voirement des Loix appartenantes plus au regime exterieur, par
lequel Dieu vouloit contenir ce peuple
iufques à la venuë du Meffie & par con-
fequent ces Loix ne nous obligent plus.
Toutesfois l'exemple nous en demeure,
quand ce ne feroit que pour propofer au
peuple Chreftien des reglemens & inftructions fur le fait des habits comme
chofe neceffaire & comme partie de la
faine Doctrine que nous deuons ouyr
tous les iours pour nous contenir dans le
deuoir, Car l'intention de Dieu eft que
l'eftroite pureté qu'il nous commande
ait lieu par tout, non feulement en la
confcience mais aux paroles, aux actiõs,
aux geftes, au maintien, aux demarches, au port des habits & tout d'vne
fuite auffi en l'eftat exterieur de la perfonne. Les Chreftiens (ce dit S. Cyprian, qui efcrit de ces chofes) doiuent
auoir leur regle & leur difcipline, laquelle monftre le chemin & ferue de guide,

de pas en pas aux autres parties de la
conuersation parmy les tenebres de ce
monde à cause de cette pauure Nature,
encore debile & aifée à fe defbaucher.
Et partant il eft bien raifon qu'elle commande à tout l'Eftat de nos perfonnes &
qu'elle donne vne police fainte par tout
iufques à vne efpingle fi poffible eft. Et
c'eft à l'adueu de tous ces exemples &
raifons que ie fais ce Traicté, afin qu'à
ceux qui craignent de fe fouruoyer apres
les defbordemens du monde, il ferue
voirement de guide, de regle & de mefure, ou pluftoft d'vn Patron & d'vn deffein à ceux qui cherchent l'Eftat honnefte de l'accouftrement, ou bien d'vn
miroir qui reprefente au vray en la forme exterieure, de la perfonne les def-
fauts, les indecences & tout ce qui fera
à corriger.

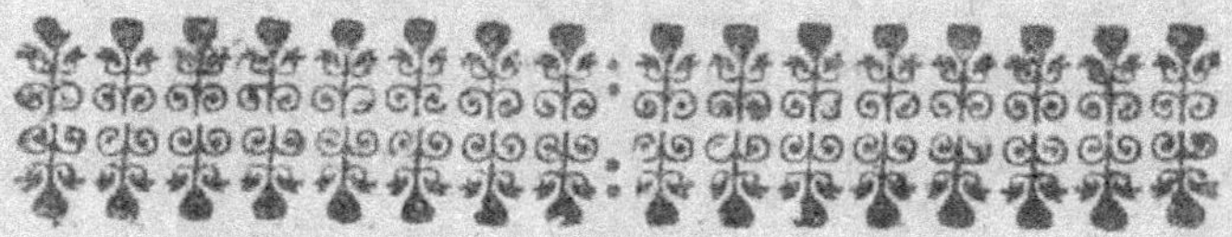

TABLE
Des questions de la premiere partie de ce Traicté.

TABLE

Des regles de la seconde partie de ce Traicté.

TABLE.

Des titres de la troiſieſme partie de ce Traicté.

TABLE

Des obiections de la quatriesme partie de ce Traicté.

PREMIERE PARTIE
DE L'HABIT
DV CHRESTIEN
QVESTION PREMIERE.

QVELLE EST LA LIBERTÉ
des Chrestiens aux estoffes & façons de leurs accoustremens.

A Dire vray cette question appartient proprement à la doctrine des choses, que nous appellons indifferétes parce que nous n'auons point des commandemens de Dieu sur ce sujet, n'y d'estofés certaines, non plus que des façons ; & par consequent celuy qui en vse ne luy est pas plus agreable de soy, que celuy qui n'en vse point ;

A

mais que le tout est laissé en la liberté
des Chrestiens, dequoy ie veux bien
qu'vn chacun en soit aduerty des l'entrée
de ce Traité, afin d'en resoudre les consciences & oster tout sujet de scrupule &
superstition, car l'on void souuent plusieurs imbus qu'ils sont des foles deuo-
tions, constituer l'estat de saincteté au
port d'estofes non taintes, du blanc, du
gris, du bureau, du parfumé & autres, iaçoit que de soy, ce ne soient que choses
indifferentes, ausquelles il n'y a non plus
de saincteté, qu'au port de celles qui
le sont. Car nous deuons sçauoir que
la saincteté est vne qualité inherente
à l'ame de l'homme regeneré & non
à des estoffes mortes, Et peut-estre
qu'il semblera encore à aucuns, lors que
nous proposons aujourd'huy les reigles
de l'honnesteté, sobrieté & moderation
des habits, que nous voulons remettre
sus quelque chose de semblable en la
Chrestienté, & les priuer de leur liberté. Mais tant s'en faut que cela soit,
qu'au contraire nous desirons qu'on
sçache qu'en bonne conscience nous
pouuons vser de toutes choses & des
creatures de Dieu, qui peuuent seruir en

quelque forte au veſtement de nós perſonnes. Et pour le regard des façons
qu'auſſi nous en auons toute puiſſance
pour en prendre autant que nous verrons eſtre expedient pour l'ornement
ſeant & honneſte d'vn chacun. Et de fait
c'eſt vne reſolution, que nous deuons
auoir icy toute certaine & arreſtée. Car
ſi lors qu'aux autres parties de noſtre vie
nous vſons des creatures de Dieu (comme ſont les viandes & les breuuages) ce
doit eſtre auec bonne conſcience & foy,
autrement nous ferions faute & les creatures ne nous ſeroient pas pures, pareillement la meſme reſolution eſt requiſe
icy au fait des habits, afin que nous en
ayons le droit & legitime vſage. Et à cela nous deuons rapporter les ſentences
du ſainct Apoſtre, par leſquelles il nous
aſſeure *que toutes creatures nous ſont iloſibles,* Rom. 1.
que le Royaume de Dieu ne giſt pas au man- 4.
ger & au boire, Que rien n'eſt ſoüillé quant
à ſoy, que toutes creatures de Dieu ſont 1. Co-
bonnes. Et qu'aucune choſe n'eſt à reietter rit. 6.
quand elle eſt priſe ſobrement auec l'inuoca- 1. Ti-
tion du nom de Dieu & action des graces pour- mot. 4.
ueu que l'Egliſe n'en defende l'vſage Galat.
certains iours de l'année. Bref il importe 5.

de ſçauoir que nous ſommes appellez à
liberté, Bien eſt vray que ce ſont ſentences plus particulierement appliquées à l'vſage des viandes, mais il
n'importe, parce que il y à autant de
raiſon de les appliquer icy, pource
que les matieres & façons des habits
ſont auſſi bien choſes du tout externes,
creatures & dons de Dieu pour la vie
preſente, que celles-là. Et ne ſe trouuera point que le Royaume de Dieu ſoit
pluſtoſt aux vnes qu'aux autres, & que la
grace de l'Euangile nous apporte moins
de droit aux habits qu'aux viandes &
breuuages. Car ſi en la Loy il y auoit des
Ordonnances, qui reſſerroient cette liberté, comme de n'vſer du porceau, du
poiſſon eſcaillé, il y en auoit auſſi pour
interdire l'vſage des eſtoffes tiſſuës de
diuerſes matieres, & de porter robes
qu'aux franges. Le tout pour des con-
ſiderations appartenantes à ce temps-là,
ainſi qu'il a eſté dit cy deſſus en la prefa-
ce. Que s'il eſt ainſi que par le benefice
de Ieſus Chriſt, pleine liberté nous ſoit
renduë, & que toutes les Ordonnances,
qui faiſoient diſtinction des viandes ne
ſont plus en vſage: de pareil droit, nous

le diſons de celles qui concernent les
veſtemens, autrement cette liberté ne
nous ſeroit pas entiere. Or a-t'elle couſté
trop chere au Fils de Dieu pour la laiſſer
perdre & s'en priuer en aucune partie
de la vie. Mais afin qu'il n'y reſte aucun
doute & ſcrupule, qui puiſſe empeſcher
qu'auec tout droit nous n'vſions de tout
ce que Dieu nous met en main pour noſtre veſtement, j'éclairciray les difficul-
tez, qui ont pû autrefois & peuuent encore troubler les ames foibles. Et tout
premierement on propoſe au contraire l'ordre de nature, que ſi Dieu eut
trouué bon cette diuerſité de couleurs
que l'on donne aujourd'huy aux eſtoffes,
il eſtoit en ſa puiſſance de faire naiſtre
les moutõs auec telles couleurs & teintures plus exquiſes. Que l'or & l'argent &
autres choſes precieuſes ſont cachées
dans la terre & hors de la veuë des hommes : ce que Dieu n'euſt pas fait, s'il ne
leur en euſt voulu oſter du tout l'vſage:
Que quand Dieu fit au commencement des robes à nos premiers parens,
ce fut des ſimples peaux & non de drap
precieux ou des façons plus riches, afin
que cet exemple ſeruit de Loy à la

posterité. Que si du depuis la diuersité
des couleurs & les estoffes de prix &
façons sont venuë en vsage, ç'a esté la
curiosité qui en a donné l'inuention aux
hommes. En somme qu'il se faut arrester
à la necessité, & se contenter de ce
qu'elle demande, pource que s'il y en a
dauantage, c'est autant de superfluité à
condamner. Voila des raisons en apparence pour donner de la fascherie aux
consciences infirmes. Ioint que Tertullian & autres grands personnages de
nom & de reputation en ont fait des ou-
uertures, qui pourroient donner encore
occasion de s'y achoper, quoy que ce
ne soient que paroles, qui leur sont es-
chapées en l'ardeur de la dispute contre les excez & non pas pour mettre la
liberté Chrestienne à l'estroit, ny aussi
pour introduire vne façon de vestement barbare, maussade & inciuil, ny
mesme pour empescher que selon la distinction des personnes, il n'y ait de la
magnificence plus grande aux vns que
aux autres. Voila pourquoy il est encore
besoin pour les infirmes de satisfaire icy
à leurs raisons. Car ils veulent qu'on suiue l'ordre de nature & c'en est la raison,

d'autant que Dieu en eſt l'autheur. D'où
vient que viure de façon conuenable à
l'ordre de nature, c'eſt ne faillir point.
Mais il ne leur deſplaira pas ſi ie leur
dy qu'ils ne prennent pas bien cét ordre, en ce que s'arreſtans à vne choſe, ils
ne conſiderent pas tout d'vn fil & d'vne
veuë, l'Eſtat & les cauſes de tant des
creatures de Dieu, n'y auſſi quel en eſt
l'vſage aux autres parties de noſtre vie.
Or ils font venir tout premierement
en ieu les moutons, diſans que puis
qu'ils ne portent en naiſſant que la lai-
ne blanche ou noire que donques il ſe
faut tenir là ſans apporter d'autres couleurs à noſtre veſtement. Certes la con-
cluſion n'en eſt pas bonne, parce qu'ils
ne conſiderent pas que Dieu à voulu ad-
miniſtrer aux autres creatures, dequoy
en adiouſter de toute ſorte, afin que l'v-
ſage en fut plus ample, car il ne fait rien
en vain. Et de vray ſi nous ne conſiderons que Dieu à voulu pouruoir par vne
ſinguliere liberalité auec varieté &
abondance infinie de toutes choſes pour
noſtre nourriture & noſtre veſtement,
comme les principales parties de la vie,
nous ſommes des ingrats.

A iiij

Que si tant de biens ensemble ont esté
creés pour cela, certes quand nous prenons de cette abondance, non pas vne
chose seulement, mais autant, que nous
en auons de besoin, c'est proprement
suiure l'ordre de nature. Car encore l'ordre de tant de creatures se trouuera-tel,
que la pluspart seroient inutiles, si elles
ne seruoient d'aide aux autres pour en
presenter l'vsage plus beau & plus admirable. Car si l'vne eust receu ensemble
tout ce qu'on eust pû desirer pour la rendre accomplie en vtilité & excellence,
beaucoup d'autres fussent demeurées en
mespris & sans vsage. Mais on y void vne
telle communication des proprietez en
toutes, que la perfection desvnes dépend
des autres. En quoy se montre la sagesse
admirable de celuy qui les a crées, afin
que rien ne soit trouué auoir esté fait
inutilement & qu'en effet il soit connu
que par sa bonté & largesse, il à assuiety
toutes creatures à l'homme, quand non
seulement vne ou deux, mais toutes ensemble se viennent presenter, comme à
leur maistre, les vnes pour seruir d'vne
chose & les autres d'vne autre. Pour le
boire & le manger de l'homme les vnes

auront la substance & la force de nourrir, mais elles n'ont pas le goust & la sa-
ueur. Il y en a d'autres qui seruiront à
conseruer la santé, mais non pas prises
simplement, si elles ne sont corrigées par
d'autres. La donc il est besoin de composition & de faire entreuenir plusieurs
choses ensemble, afin que l'homme ait
sa refection toute entiere, & que sa santé luy soit conseruée.

Or vser de cette façon des choses crées,
il ne se put dire que bien conuenablement à l'ordre de nature. Comme aussi
pour le regard des vestemens, il y à des
creatures, qui fourniront des matieres
& rien plus, voire iusques aux arbres,
plantez & petit vermisseaux, les autres
y apportent la grace, la beauté, la couleur, la durée, le profit, la santé & les
moyens de les appliquer à vsage. Tellement que ne se contenter pas seulement
des matieres brutes, mais les mettre en
œuure & les composer pour les auoir
auec profit & excellence, ne se pût non
plus dire que bien conuenablement à
l'ordre de nature & aux fins pour lesquelles toutes choses ont esté crées. Il
est bien vray que ce ne sera point sans

peine, mais ce n'eſt pas à dire ſi Dieu ne
donne ſes creatures ainſi preparées
comme on les prepare auec peine & trauail, en les allant chercher ſouuent bien
loin, voire iuſques dans les entrailles de
la terre, que pour cela la preparation &
l'vſage luy en deſplaiſe, car au contraire il à ordonné la vie des hommes à ce
trauail. Et combien qu'il fut en luy de
mettre en leurs mains ſes creatures toutes preparées, toutefois voila l'ordre
que les hommes n'en ont point l'vſage,
ſi ce n'eſt bien petitement & à meſure
qu'ils y apportent, & de la peine & de
l'induſtrie. Cela ſe void en la confeſtion
du pain & du vin & d'autres choſes appartenantes à la nourriture. Que s'il eſt
auſſi de meſme en la preparation des
matieres pour le veſtement honneſte de
l'homme, c'eſt ſuiuant l'ordre de nature.
A quoy ayant eſté beſoin de beaucoup
d'inuentions pour en venir à bout, c'eſt
faire iniure à Dieu d'en attribuer à d'autres la gloire. Car cette meſme bonté
qui auoit crée tant de biens pour l'homme luy ouuroit auſſi d'heure à autre les
moyens de s'en ſeruir & les accommoder à ſon vſage.

Mais ils difent que Dieu n'eut pas caché l'or, l'argent & autres chofes pre-
cieufes, que nous employons en noftre
veftement, s'il n'en eut voulu ofter la
veuë & l'vfage aux hommes. C'eft vouloir deuenir (comme l'on dit) en l'air.
Car fi cela eftoit, Dieu auroit fait dans le
monde des creatures inutilement, lef-
quelles demeurans toufiours cachées
dans la terre, il n'en receuroit n'y loüange n'y honneur. Chofe du tout cõtraire à
fon deffein, qui eft de faire tout pour l'ac-
croiffement de fa gloire & de fon hõneur,
Quant à ce qu'on dit des veftemens des
peaux, que Dieu fit à Adam & à Eue
apres leur cheute, ce n'eft rien pour conclure au contraire de cette liberté Chreftienne Car perfonne n'oferoit foufte-
nir que Dieu ayant tué des beftes allaft
foudain auec l'horreur & le fang, les re-
ueftir de cette occifion fans autre preparation, Bien eft vray qu'il leur fit des
habillemés des peaux, mais il eft à croire
puis que fi grãd ouurier y mettoit la main,
que ce n'eftoit point qu'auec vn appareil
conuenable. Car il commençoit voirement vn ordre, mais c'eftoit auec intention d'accouftumer l'homme à vne dou-

ceur & ciuilité honneſte, loin du ſang, de la cruauté & de toutes façons brutales, comme il appert par les Loix qu'il à depuis données. Ainſi nous ne doutons point que Dieu ne leur ait fait deſlors des habillemens plus propres à cét ordre là. Ce fut voirement des peaux, mais non pas pour n'vſer iamais d'autres eſtoffes; c'eſtoit bien à eux dequoy ſe contenter alors, & à nous vn exemple d'auoir à gré les commoditez que Dieu nous preſente. Mais quand il adminiſtre auſſi d'ailleurs d'autres matieres pour couurir la nudité de l'homme auec quelque honneur, ce ſont autant d'habillemens qu'il luy fait encore & n'en vſer point ce ſeroit dédaigner ſa faueur & liberalité. Dont nous concluons que l'ordre de nature qu'on veut alleguer icy, ce n'eſt pas de nous reſtreindre à l'vſage de certaines matieres, comme on les trouue ſans preparation, ſans art & ſans induſtrie. Or ce que nous diſons icy des façons à preparer les matieres, ſe doit auſſi entendre des façons de les employer. Car il ſemble à aucuns que ce ſoit excez d'appeller vn Tailleur pour couper vne robe & luy donner quel-

que façon par son art comme s'il estoit
plus conuenable à la simplicité des
Chrestiens de prendre sur leurs espaules
à la mode des Irlandois sauuages vne
piece de drap sans façon. Or c'est vne
superstition tres-dangereuse, car les excez sont voirement à reprendre, mais
aussi on doit iuger si cét excez d'vser
d'vn ordre au vestement & bien seance
honneste. Car on void estre resté encore
aux hommes vn desir de garder l'ordre &
la mesure, qui est vn poinct, qui le fait ex-
celler par dessus les bestes. On ne trouuera donc point estrange, si au vestement qui le touche de si pres, il vse de
l'art & mesure pour en disposer selon
qu'il luy est conuenable. Que s'il y à eu
quelquefois de la curiosité aux hommes,
il n'est pas inconuenient que Dieu n'y
ait pris plaisir & occasion de descouurir
par la les secrets de nature & d'orner la
vie des hommes de beaucoup des dons
en choses tres necessaires, comme par   Genese
exemple, il nous a donné par les mains   4.
des profanes les inuentions de la musi-
que, des tentes, du fer & choses semblables. Apres tout il s'en est trouué de si
rigoureux, qui sous pretexte de bannir

les mondanitez & superfluitez des accouſtremens, ſe ſont iettez à vne autre
extremité, diſans qu'vn chacun ce doit
contenter de ce que la neceſſité requiert
tout ſimplemẽt Que ſi cela ſe peut faire
auec le ſimple bureau, qu'il n'y à point
de raiſon de recourir ailleurs aux eſtoffes
de prix & ſe donner tant de peine de la
façon, & que paſſer cela, c'eſt excez
& ſuperfluité. Nous l'accordons ainſi,
mais le different eſt de ſçauoir comment
ils prennent cette neceſſité, car s'ils la
prennent pour ne paſſer point outre le
beſoin, qu'on a de couurir ſa chair &
s'armer contre les rigueurs du temps (à
la mode des Irlandois, qui ſe contentent
de prendre vne piece de drap ſur leurs
eſpaules pour ſe couurir) ils ſe trom-
pent. D'autant que la neceſſité ne ſe
doit pas conſiderer ſeulement en ce beſoin là, mais auſſi en l'honneſteré, ciuilité & bien ſeance, à raiſon des circonſtances & diuerſes qualitez des perſonnes. Car il n'eſt pas moins neceſſaire
qu'vn chacun tienne ſon rang & garde
l'ordre de la ſocieté cõmune par vn Eſtat
conuenable meſme de l'accouſtrement
que d'auoir dequoy couurir ſa chair &

ſa preſeruer des iniures de l'air, autremẽt
les Roys & les Princes ſe roient rabaiſ-
ſez iuſques à l'vſage du bureau. Ce quī
ſeroit choſe honteuſe & indecente au
Iugement d'vn chacun, voire méme pre-
iudiciable à leur authorité, & par conſequent à l'ordre comme choſe neceſſaire,
Mais outre cela, quand nous reuien-
drons à ce qui à deſia eſté touché du but,
pour lequel toutes ſes creatures ont eſté
faites ; nous verrons alors que l'intention de Dieu n'a iamais eſté de nous reſ-
ſerrer dedans les bornes de cette neceſſité ſi eſtroite (l'exemple en ſoit aux
viandes & aux breuuages. (Car il eut pū
ſuffire à Dieu pour fournir à la neceſſité
de la nourriture de l'homme qu'il luy
eut donné quelque herbe des champs
auec de l'eau pure, mais quand il à pre-
paré le boire & le manger auec vne
abondance & varieté ſi grande de tant
de biens, meſme auec plaiſir & ſaueur ſi
agreable, iuſques au vin, qui n'a pas la
force de ſuſtenter ſeulement, ains auſſi
de donner lieſſe au cœur, ç'a eſté pour
faire voir clairement que ſa liberalité
s'eſtendoit bien plus auant que de la neceſſité ainſi contrainte, pour donner

nourriture à l'homme auec abondance,
plaifir & contentemens. Or quant au
veftemer , nous en pouuons dire autant, c'eſt à ſçauoir que pouruoyant à la
neceſſité, il à pourueu auſſi par vne grande largeſſe à ce qui eſtoit requis, afin
que l'hôme eut vn parement ciuil & honneſte. Tellement que ſe lier ainſi à la rigueur dela neceſſité ſimple, n'eſt que peruertir tout bon ordre & ſe rendre coul-
pable d'ingratitude de tant de biés. Mais
pour reuenir à la diuerſité des eſtoffes, aux inuentions de les preparer &
façons de les mettre en œuure , il ſe
verifiera, bien aiſement que l'vſage en
a eſté touſiours libre entre les Chreſtiens , ſi ce n'eſt que pour autant de
temps, que les ordonnances de Moyſe
ont eu lieu entre le peuple de Dieu, il y à
eu des reſtrictions ſur le tiſſu des matieres diuerſes pour certaines conſidera-
tions, ſelon qu'il a eſté cy-deuant remar-
qué. Mais c'eſtoit pour ſignifier que cela hors, le peuple eſtoit au large & en
pleine poſſeſſion & liberté de toutes
choſes, pour en vſer en veſtemens & paremens honneſtes de leurs perſonnes.
Et comme au ſortir de l'Egypte , ce
peuple

peuple ſe fut trouué auoir abondance
des matieres preparées de toute ſorte de
couleurs & d'autres choſes pecieuſes : il
leur fut commandé d'en venir contri-
buer pour l'edifice & magnificence du
tabernacle tout autant qu'il en fut beſoin, le reſte eſtant laiſſé en la poſſeſſion
& ioüyſſance du peuple pour teſmoigna-
ge que telles choſes ne ſont point entre
les hommes contre le gré de Dieu. Et
que ny les matieres, ny les couleurs &
autres ouurages qu'on employe, ne ſont
pas choſes illicites & ſoüillées de ſoy, ſi
le vice n'y interuient d'ailleurs. Et meſme qu'il ſe trouua alors des ingenieux
par excellence à preparer les matieres &
à les mettre en œuure pour l'ornement
du tabernacle. Si qu'en ſuite de ce Dieu
declara que leurs artifices eſtoient dons
de ſapience procedans de ſon eſprit. Enquoy Salomon nous ſeruira icy de Iuge.
Car s'il ſe faut contenter de ce que nature preſente ſans autre preparation, & s'il
n'eſt point permis d'auoir rien outre la
neceſſité du couuert, comme ſes ſcrupu-
leux pretendent, il faudroit que les broderies & tapiſſeries & les couleurs de
pourpre & autres choſes qu'on n'a point

Exodé
35. 30.
& 39.

Prouer
30.

B

sans peine fussent autant des superstitions & indignes des personnes d'honneur. Mais au contraire donnant le Portrait d'vne femme honnorable entre toutes & qui craint Dieu, il met en ligne de compte ses vertus, qu'elle employe le temps en artifices de broderies, de tapis de fin lin, d'ouurages de ceintures & choses semblables, tant pour l'vsage de sa maison, que pour en vendre, & mesme que la pourpre estoit sa vesture. Or en voila assez pour resoudre les consciences infirmes contre les doutes proposes cy-deuant au sujet de la liberté Chrestienne. Que s'il y à cause de mettre en doute cette liberté Chrestienne en l'vsage de toutes choses, c'est plustost de ce qui est dit d'vne mesme voix par deux Apostres, qui disent que l'accoustrement des femmes ne doit point estre en or, ny en perles, ny en pierres precieuses. Car bien que toutes autres matieres leur fussent permises, pour le moins il semble que celles-cy leur soient interdites, & c'est vne conclusion que aucuns en tirent pour en faire scrupule aux consciences. Or i'espere que nous verrons, qu'il n'y à rien encore icy, qui resiste à

noſtre reſolution , ſi nous conſiderons
tout premierement la façon de parler
des Apoſtres , & puis leur intention. Car
le propos n'eſt pas ſimple, mais bien vne
comparaiſon des choſes oppoſées. Et
pourtant la regle des choſes dites par
comparaiſon , doit auoir lieu icy, en ce
que la comparaiſon pour eſtablir l'vn
n'oſte pas l'autre. Et d'ailleurs ſi nous cõ-
ſiderons leur intention , c'eſt de perſua-
der aux femmes Chreſtiennes, que leurs
ornemens ſont proprement les bonnes
œuures & c'eſt en quoy elles doiuent
mettre tout leur ſoin. Et par conſequent
qu'en leur accouſtrement , qui eſt vne
des parties de leur vie, toutes vertus
conuenables y doiuent luire , comme
ſont la crainte, la vergogne, la modeſtie
& la chaſteté, à l'oppoſite de ce que l'on
void preſque en toutes, que le ſoin des
bonnes œuures eſt diſtrait par vn deſir
des paremens de dehors & d'autres magnificences externes de l'or & des choſes ſemblables, qui ſont autant de marques d'orgueil, d'excez & diſſolutions.
Or ces deux Apoſtres les exhortent pour
ce regard d'eſtre plus ſages & de ne con-
ſtituer pas leur ornement en tout cela,

B ij

Ce n'eſt donc pas que tout ſimplement
ils vueillent condamner l'vſage de l'or,
perles & pierres precieuſes, & les decla-
rer mauuaiſes de ſoy, mais ſeulement en
cette conſideration, que l'on en abuſe.
Autrement les Apoſtres, qui enſeignent
par tout que toute creature de Dieu eſt
bonne, & que rien n'eſt ſoüillé de ſoy, ſe
contrediroient, de ſorte que quand nous
les condamnons, ce n'eſt pas pour le dire
ſimplement des Apoſtres, mais pour ce
que nous n'y voyons rien qui ne ſoit repugnant aux reigles de l'honneſteté
Chreſtienne, ainſi que nous le ferons
voir cy apres, Et voila qui ſuffira pour
l'eſclairciſſement de ces paſſages, comme auſſi nous pouuons bien aſſeurer que
les plus renommez en ſçauoir & pieté,
les ont ainſi expoſez. Dont ſainct Au-
guſtin qui fut autrefois requis d'en donner ſon auis, à ſçauoir ſi les ornemens
comme l'or & choſes de prix deuoient
eſtre du tout interdites aux Chreſtiens.
Il reſpond que non pas du tout, mais que
l'on doit regarder auec grande prudence
à la qualité des perſonnes. Et Tertullian
meſme comme deſia il a eſté dit, il accorde qu'aux vns, il y put auoir plus de ma-

gnificence qu'aux autres. Car il se trouuera que les saints Roys & autres personnes de grande qualité, n'en ont point
suy selon leur rang l'vsage, cequ'ils eussent fait sans doute, si le port de telles
creatures eust esté illicite & mauuais de
soy. Conclusion rien n'ēpesche que cette
resolution ne nous demeure nete & certaine de la pleine liberté & vsage de toutes choses en nostre vestement, excepté
ceux qui pour les qualitez qu'ils tiennent, dans l'Eglise ou dans la police, toutes estoffes, toutes couleurs & toutes façons ne leur sont pas indifferentes. Ce
que i'ay bien voulu poursuiure au long
pour aider aux consciences infirmes,
contre les scrupules & superstitions, afin
qu'on ne reiette pas legerement ce qui
nous est offert par la main liberale de
nostre Dieu.

QVESTION II.
Que cette liberté Chrestienne n'est pas vn aban-
don & licence, ains vn droit & legitime
vsage des creatures de Dieu.

SAns mentir il est bien requis qu'en
l'vsage de cette liberté nous y ap-

portions vne grande circonspection:
Parce qu'il ne faut pas penser que tant
de creatures qui nous font affuieties, le
foit autrement que pour noftre bien, Et
de vray, quand vn enfant deuient heritier
d'vne maifon, qui eft fournie & abon-
dante de toute forte de biens, il s'en
pourra bien dire le Maiftre & poffeffeur
de droit, mais non pas que ce droit luy
doiue eftre en ruine, lors qu'il voudroit
prodigalifer fans difcretion cette abondance. Or nous en fommes là de mefme façon & par vne grande bonté de
Dieu, conftituez en cette demeure pleine de matieres infinies & de grande varieté, auec puiffance de dire que toutes
fes chofes font noftres en droit d'heritage par le Benefice de Iefus-Chrift noftre
fouuerain Seigneur & maiftre. Mais il
n'eft pas permis de fe ietter là dedans
imprudemment auec vn abandon, non
plus que dedans l'abondance des chofes,
que la terre nous apporte & nous fournit pour noftre nourriture. Si donc toutes chofes nous font pures & licites, d'autant plus auons nous befoin d'eftre fages
crainte d'en corrompre & peruertir l'v-
fage en quelque maniere. Sçachant bien

qu'il y à des appetits, & des conuoitiſes
tres vicieuſes & déprauées de noſtre nature, leſquelles ſont tous les iours cauſe
des grands dommages, s'ils n'y eſtoit
prudemment pourueu. Or le remede à
cela c'eſt d'y apporter des bonnes regles
& meſures priſes de la parole de Dieu,
leſquelles nous apprendront de fuir ce
qui eſt mauuais & de tenir moderation
par tout en noſtre liberté. Car d'eſtre
aſſeruis par nos conuoitiſes à cecy ou à
cela ſans ce laiſſer gouuerner à la raiſon,
c'eſt vne ſeruitude. Mais de choiſir en
cette abondance & diuerſité de matieres, ce qui nous eſt propre, expedient &
raiſonnable, c'eſt l'vſage d'vne droite &
iuſte liberté, que noſtre Dieu demande,
Et c'eſt ſans doute que tirant nos eſprits
par vne telle abondance, à la reconnoiſ-
ſance de ſa ſageſſe puiſſance & bonté,
il à voulu mettre quant & quant à l'eſ-
preuue noſtre ſobrieté & obeyſſance.
Comme celle de nos premiers parens
dans le iardin d'Eden, pour faire voir ſi
dans l'infiny de tant des choſes indifferentes, (entre leſquelles nous contons
les matieres & façons de nos veſtemens)
nous ſçaurions choiſir & accommoder

B iiij

prudemment à noftre vfage, ce qui feroit
bon, honnefte & conuenable à l'Eftat
d'vn chacun de nous, où il à ordonné
que nous foyons conformément à fa
parole. C'eft donc de noftre deuoir d'y
apporter vne grande difcretion pour
choifir ce qui eft expedient & reietter
ce qui ne l'eft pas, afin que ce qui eft bon
& non foüillé de foy, ne foit foüillé par
quelque faute. Bref que cette liberté ne
foit point en occafion à la chair & à nos
conuoitifes de mal faire. Car toute liberté eft gliffante & dangereufe, fi elle
n'a fes inftructions comme bornez po-
fées pour la contenir dans le bon mef-
nage de fon abondance. A quoy les Ma-
giftrats font tres bien d'y donner ordre
par des bonnes polices & defences de
tous excez. Et quand ils le font, on ne
peut dire qu'ils faffent aucun tort à la liberté Chreftienne, ains les Chreftiens
font obligez deuant Dieu à l'obferuation
de telles ordonnances, comme aux loix
du droit vfage de leur liberté. Mais la parole de Dieu y à encore pourueu d'ordonnances & inftructions plus certaines,
que ie m'efforceray, moyennant fa grace
d'expofer & déduire en ce Traité, afin

qu'vn chacun sçache ce qu'il faut faire
pour garder par tout en son vestement,
vne honnesteté sainte & agreable à
Dieu.

QVESTION III.

Que les regles de la moderation & honnesteté
des Chrestiens en leurs vestemens sont
fondées sur les passages des
deux Apostres.

OR bien qu'en l'Escriture Sainte,
s'y trouuent plusieurs passages touchant cette matiere, neantmoins nous en
prendrons deux seulement pour les plus
expres, qui nous seruiront de fondement
& d'adresse en ce que nous auons à traiter, dont l'vn est pris de sainct Paul parlant en ces termes. *Que les femmes se pa-* 1. Th.
rent d'vn accoustrement honneste auec vergo- 2.
gne & modestie, non point en tresses, ny d'or
ny de perles, ny d'habillemens somptueux,
ains de ce qui est conuenable aux femmes,
qui font profession de pieté & de bonnes œu-
ures. L'autre passage est de S. Pierre conceu en ces mots. *Semblablement vous fem-* 1. Ch. 3.

mes ſoyez ſuietes à vos maris , afin que s'il
y en a qui ſoient rebelles à la parole , ſoient
gaignez ſans parole par la conuerſation des
femmes , en conſideration voſtre chaſte conuerſation , qui eſt auec crainte , deſquelles
l'ornement ne ſoit point cettuy-là de dehors ,
qui eſt en tortillemens des cheueux , ou application d'or , ou en accouſtremens d'habits ,
mais en celuy qui eſt caché , à ſçauoir l'homme
du cœur , qui giſt en l'incorruption d'vn eſprit
doux & paiſible , qui eſt de grand prix deuant
Dieu. Car iadis les femmes ſainctes eſpe-
rantes en Dieu s'accouſtroient ainſi eſtant
ſuietes à leurs maris. Voila donc deux
Apoſtres , qui parlent d'vn meſme eſprit & en termes du tout ſemblables
pour donner loy à nos veſtemens. Si
vn ſeul en euſt parlé ce ſeroit bien aſſez , mais les cupiditez des hommes ſont
ſi dereglées qu'il faut que l'authorité
de deux ſi grands ſeruiteurs de Dieu
leur ſoit tout d'vn coup oppoſée , afin
de les dompter ou bien les rendre
hors de toute excuſe , ſi tant eſt qu'ils
ayment mieux obeyr à leurs fols deſirs qu'à la volonté de Dieu , ſuos des
teſmoignages ſi authentique & ſi expres. Or les femmes y ſont particuliere-

ment nommées, non que la loy ne regarde aussi les hommes, mais c'est d'autant
qu'aux femmes, l'on void principalement le desordre & aussi que si la dissolution d'habits n'est point tollerable aux
femmes, c'est pour faire aussi iuger que
deuant Dieu, elle sera moins tollerable
aux hommes. Surquoy on demande si ses
choses que les Apostres deffendent par
ses passages, se doiuent prendre ric à ric
& selon la lettre. Ie respon, qu'outre ce
que i'en ay desia dit cy-deuant, que la
modestie Chrestienne doit estre la regle de cét ornement exterieur. Car si
toutes choses estoient deffenduës abso-
luëment, il n'en faudroit pas excepter
seulement vne. Les tortillemens des cheueux est deffendu, si sont bien les tresses, les perles & toute parure d'or. Et
pour y adiouster tout ce qui est au Chapitre troisiesme d'Isaye l'ornement des
scarpins, les coiffes, les bracelets, les
jarretieres, les carquans les bagues, les
bourses, les toiletes & les ceintures,
toutes lesquelles choses seroient deffenduës s'il falloit prendre les paroles du
Prophete & des Apostres simplement &
au pied de la lettre. Mais il estrequis de

regarder à leur intention, qui est de ta-
xer la corruption & la seineté des femmes en leurs habits pompeux & excef-
fifs. Et de vray il est bien aysé à voir que
leur intention n'est pas de deffendre
tout ornement & d'introduire quelque
inciuilité deshonneste, mais seulement
de retrancher de l'ornement le vice pour
y planter la vertu plus à descouuert. Or
en voila assez sans qu'il soit besoin d'apporter icy ce que la curiosité des femmes de nostre siecle à inuenté. Autrement la chose iroit à l'infiny. Voila pourquoy les Apostres se sont contentez d'en
proposer des especes pour seruir d'exemple à faire iugement du reste suiuant la
coustume de l'escriture, qui est de condamner par la deffence d'vne chose, ce
qui est semblable ou qu'il en approche.
Tant y à que l'vn & l'autre r'amenent
leurs remonstrances à ce point, qui est
de nous faire voir comme il y à vn Estat
conuenable à saincteté, pieté & crainte
de Dieu, lequel seul est propre aux Chrestiens, afin que toute cette partie de leur
vie aussi bien que les autres, soit tenuë
en pureté & loing des vanitez, dissolutions & soüilleures des mondains. Voila

en gros ce que nous auons à obseruer en
ses passages. Desquels l'intelligence est
si claire, qu'il ne seroit point de besoin de
nous trauailler à estendre plus auant l'ex-
position, si les hommes ne faisoient icy
les sourds, comme ceux, qui n'ont pas
grande enuie de donner lieu à la raison.
Ie suis donc contraint de les solliciter par
admonitions plus amples pour leur oster
toute excuse, sans toutefois m'esloigner
de ce suiet. Car ie veux suiure pas à pas
l'ordonnance de si grands seruiteurs de
Dieu. Et partant que personne ne s'a-
uauce d'y contredire comme s'il y auoit
quelque chose du mien, pource que ie
les tiendray tous deux pour adresse de
tout mon propos. Dont en suite de ce, *Diui-*
ie déduiray tout premierement qu'em- *sion de*
porte en general ce qu'ils desirent, lors *tout ce*
qu'ils disent que le vestement soit con- *propos.*
uenable à la profession de pieté & crainte de Dieu. Puis ie parleray des vertus,
qu'ils establissent pour regles perpetuel-
les de cét Estat, & par mesme moyen des
vices, qui leur sont contraires. Et parce
qu'ils specifient aucunes choses plus particulieres qu'ils entendent deuoir estre
esloignées du vestement du Chrestien,

iuſeray en troiſieſme lieu de cette façon
d'enſeigner par exemples & pour practique des regles que nous auons priſes.
Et finalement s'il y à quelque choſe,
qu'on oſe oppoſer à leur authorité, ie
taſcheray de la vuider, afin que leur doctrine nous demeure toute entiere.

QVESTION IV.

Qu'il y a vn Eſtat d'accouſtrement propre
& conuenable à ceux qui font profeſſion
de pieté & crainte de Dieu.

OR pour ſuiure la maniere plus ai-
ſée, ie feray l'ouuerture du propos
de ce, qui eſt le plus general; c'eſt à ſçauoir que tout accouſtrement n'eſt pas
propre aux Chreſtiẽs, Non à la Iudaïque,
car nous ne ſommes plus ſous la Loy de
Moyſe Non à la Payenne, car nous n'a-
uons rien de commun auec les Payens
Non à la mondaine, car les Mondains
n'ont rien que piaſe & pompe Ains ce-
tuy-là ſeulement, qui eſt conuenable
à leur profeſſion, laquelle giſt en vne
droite connoiſſance de Dieu, & iouyſſance de la grace de l'Euangile. D'où pro-

cede au cœur des croyans la reuerence
& crainte de la majesté diuine, auec vne
assiduelle estude de pureté. Voila donc
en gros la pieté, à laquelle toutes les parties de nostre vie doiuent respondre. Car
c'est aussi à quoy tendent toutes les instructions, que l'esprit de Dieu nous propose dans l'escriture, touchant les de- Efe. 4.
uoirs de la vie presente. *Que nous deuons* Philip.
cheminer selon qu'il est conuenable à nostre vo- 1.
cation, ou selon que nous l'auons appris de Colof.
Dieu, ou comme il appartient selon l'Euan- 4.
gile, ou dignement selon le Seigneur. Car il 1. Ti.
est à noter que ce qui est dit icy en gros 2.
de toutes les parties de la conuersation,
nous le deuons prendre pour vne Loy
generale du vestement. D'où vient que 1. Cha.
l'Apostre parlant de l'Estat des Chre- 3.
stiens, dont le vestement n'en fait pas la
moindre partie, requiert qu'il soit *con-*
uenable à la profession de pieté & crainte de
Dieu, & S. Pirre dit que iadis les femmes
sainctes esperantes en Dieu, ont en leur façon
de se vestir, estans suietes à leurs maris, Et en Chap.
l'Epistre à Tite, ou les vertus d'vne fem- 2.
me Chrestienne sont descrites touchant
l'Estat exterieur de sa personne l'Apostre se contente de dire *qu'elle soit en vn*

Eſtat bien ſeant à ſainĉteté. Car Dieu nous
à choiſis & produits à la veuë de toute
creature, comme ſur vn theatre auec des
tiltres & qualitez ſi honnorables, qu'elles ſurpaſſent tout ce qu'il y à d'excellent au monde. Mais il entend auſſi que
pour bien vſer de cette dignité, vn chacun puiſſe connoiſtre que nous ſommes
Chreſtiens, & le peuple ſainĉt, que Dieu
à ſeparé de la corruption du ſiecle. Et de
vray quand on verra vne femme marcher en vn habit s'affre, affeté & attrayant, l'on ne dira iamais qu'elle ſoit
Chreſtienne. Car c'eſt l'habit d'vne ef-
frontée & prophane, non plus qu'vn
homme d'auoir le cœur vrayement
Chreſtien & renonçant au monde,
quand on verra qu'il n'a autre ſoin que
de s'attiffer, ſe friſer & parfumer, pource que c'eſt l'eſtat d'vn homme effeminé & mondain. Les habits donc des
Chreſtiens doiuent eſtre autant des li-
urées & entreſeignez, qui teſmoignent
à deſcouuert leur profeſſion. Tellement
que celle, qui ſe dit ſainĉte ſoit accou-
ſtrée ſainĉtement & celle qui ſe dit pudique pudiquement. Leſquelles entreſeignez & differences, nous n'entendons

pas establir en la matiere ou en la forme
des vestemens, d'autant que ce seroit se
fouruoyer de la liberté Chrestienne, que
nous auons enseignée cy-dessus. Mais il
est bien seant qu'vn chacun suiue ce, que
les circonstances des liens, des temps &
des qualitez des personnes luy prescri-
uent ainsi que nous verrons cy-apres.
Cependant il faut qu'il y ait par tout vne
honnesteré expresse & conuenable à
cette profession. Les Israëlites eurent Deute.
iadis commandement de porter autour 22.
de leurs robes des franges pour marque
& enseigne de leur profession qu'ils faisoient de la Loy de Dieu, & estoient ainsi discernez d'entre les autres nations.
C'estoit voirement vn poinct des cere-
monies, qui sont aujourd'huy abolies,
pour n'estre plus en vsages ; mais c'est
tousiours vn exemple d'auoir nos vestemens tellement composez de quelque
matiere ou façon que ce soit, qu'il n'y ait
rien à reprendre & qu'à nous voir, l'on
puisse iuger que nous sommes le peuple,
que Dieu a retiré des tenebres à sa mer-
ueilleuse lumiere. Car celuy la n'est pas
parfaitement Chrestien de qui l'habit se
publie tout autre.

C

QVESTION V.

Que le veſtement propre à la profeſſion de pieté & de crainte de Dieu, eſt cettuy la qui eſt tout premierement ſelon les qualitez que les Chreſtiens ont obtenu par grace & vocation de Dieu.

MAis pour entendre plus generallement quel eſt cét accouſtrement il ſe faut repreſenter tout premierement ce que nous ſommes aujourd'huy par la grace qui nous a eſté faite, puis à qui nous deuons plaire par l'accouſtrement & enfin quels ornemens nous deuons eſtimer les plus beaux & les plus honorables pour nous. Car ce ſont là les points qui peuuent mouuoir les hommes à prendre le deſſein de leur accouſtrement, ou le regard de leur qualité, ou le deſir de plaire à quelqu'vn, ou l'eſtime qu'ils font de quelque ornement. Commençons donc par noſtre qualité, laquelle à proprement parler, giſt au changement que la grace de l'Euangile nous apporte en Ieſus-Chriſt noſtre Seigneur. C'eſt à ſçauoir, que nous

soyons vn peuple sainct, que nous ayons
renoncé au monde, & que des à cette
heure nostre conuersation soit és Cieux.
Voila donc nos qualitez, ausquelles il
nous faut mesurer tout nostre accoustrement, si nous voulons en euiter les indecences & irregularitez. Or quant à ce
qu'il nous faut estre vn peuple sainct, cela veut dire que puis, que d'vn peuple
profane que nous estions iadis sans foy,
sans loy & sans Dieu au monde, nous
auons esté fait son peuple, le peuple acquis & la gent saincte, comme parle S.
Pierre, & racheptée du peché par le benefice de Iesus Christ nostre Seigneur
& l'auée de toutes soüilleures par son
sang : Que donc il nous faut maintenir
d'oresnauant en vn Estat de iustice &
suiure vne pureté la plus exquise, loing
de toute tache & macule iusques aux apparences mesmes. D'où s'ensuit que
l'accoustrement conuenable à cette qualité, est celuy qui est sainct & repurge
de tout ce qui pourroit auoir le nom ou
soupçon de vice, qui le diffameroit.
Et afin qu'on n'en fasse aucun doute,
il faut auoir cela pour resolu que cette
sanctification, à laquelle nous sommes

appellez, ne regarde pas seulement l'ame & la conscience, comme aucuns pensent, mais aussi le corps. Car voila que nous disent tant de belles admonitions des saincts Apostres. Que l'ouuerture nous estant faite par le Sang de Iesus d'entrer aux lieux saincts iusques en la presence de nostre Dieu, que nous y deuons aller auec vn vray cœur & certitude de foy, ayans les cœurs & les corps l'auez d'eau nete, à l'instar des l'auemens anciens, dont le peuple, qui comparoissoit deuant Dieu au tabernacle, vsoit auec grande circonspection, afin aussi que nous venions pareillement nous nettoyer tant de corps que d'esprit & paracheuer nostre sanctification en la crainte de Dieu, & luy demander que tout nostre esprit, tant l'ame que le corps soient conseruez sans reproche à la venuë de nostre Seigneur Iesus. Bref que nos corps soient autant des vaisseaux que nous deuons garder en sanctification & honneur. Si que delà il est bien aisé à voir qu'en la sanctification, qui doit estre en nous, la pureté de nos corps n'y est non plus oubliée. Que si en l'homme fidelle, la purification va iusques au corps,

certes, elle doit bien paſſer plus outre &
iuſques au veſtement, car le corps en eſt
proprement le ſuiet, & le veſtement le
touche de ſi pres, que taché aucune dé-
peché n'y pût eſtre que le corps ne s'en
reſſente & ne communique au deshonneur. Cela eſtoit cauſe qu'en la purga- Leuit.
tion de la lepre ſous la Loy, ce n'eſtoit 17.
pas aſſez que la chair & le corps fut bien
net, mais auſſi il falloit obſeruer vne pareille ſolicitude au veſtement. Et de vray
ſi le peuple auoit à comparoiſtre ſans reproche en la preſence de cette diuine
Majeſté, les commandemens eſtoient
expres de lauer leurs veſtemens, de peur Exod.
qu'il n'y eut meſme en cette partie quel- 19.
que choſe de deſagreable. Car cette Leuit.
ſentence que le peuple ſoit ſainct, com- 19.
me ſon Dieu eſt ſainct, eſtoit le fondement de toutes les admonitions, qui
eſtoient faites ſur ce ſuiet. Or eſtoient-
elles auſſi appliquées aux veſtemens par
ordonnances expreſſes, voire ce fut là
que furent fondez les reglemens & la façon des cheueux, tant de la teſte que de
la barbe pour vne ordonnance perpetuelle. Et pourtant ce ne ſeroit pas aimer la pureté & ſaincteté de ne s'y

addonner pas à bon escient, comme la
vocation de Dieu le nous commande, si
ce soin ne se monstroit aussi au vestement pour le tenir net & repurgé de toute apparence de vice. Qui est pourtant
vn mauuais item contre les bobances &
superfluitez d'aujourd'huy, où ce vice
est si apparent & visible, que rien plus.
Mais pour vne autre de nos qualitez
c'est que nous ne sommes plus du monde, Car par le mesme benefice de Iesus-
Christ, nous en auons esté deliurez
quand il nous à racheptez de la perdition
commune & separez de la corruption
du siecle, à cause dequoy nous luy deuons auoir renoncé entierement. Cela
ferons nous quand nous detesterons ses
vanitez, que nous n'aurons plus de com-
merce auec ses œuures, quand nous ar-
racherons nos cœurs de ses vains desirs.
Bref quand nous ferons estat d'vn entier
changement pour n'obeyr plus qu'à
Dieu, Que si telle est la profession des
Chrestiens c'est encore pour leur enseigner, que l'accoustrement, auquel il
n'y à rien que des vanitez & façons mondaines, ne leur pût estre conueuable.
Cependant il regne encore vne si mal-

heureuse enuie par tout d'estre comme
les autres sans discretion aucune, que sans
mentir toutes façons des vestemens y
sont receuës. Et aduient bien souuent
que celle qui se dit Chrestienne n'a point
vn accoustrement plus honneste qu'vne
mondaine, fole & prophane. Or suiure
ainsi le monde & ses façons tant ridicules que deshonnestes sans autre prudence, c'est contreuenir ouuertement à nostre vocation Chrestienne, voire mesme
à la protestation que nous en auons fait
lors du Baptesme, ou les Parrains & Mar-
rines ont renoncé pour nous, non seulement au monde mais aussi à ses pompes.
Car apres y auoir vestu Iesus Christ cõme l'Apostre le dit, il seroit mal seant
d'en approcher des choses si vaines & de
neant. Enfin voicy la troisiesme de nos
qualitez, c'est que nous sommes ainsi
retirez du monde & de ce siecle perissant
par la grace de l'Euangile, pour estre
transportez vn iour au Royaume de
gloire & de nostre Dieu. Car l'acquisi-
tion nous en a esté faite par Iesus-Christ
& mesme qu'il en a desia pris possession
& iouyssance en nostre nom. Et de fait
c'est nostre heritage mesme que des à

C iiij

preſant nous en ſommes poſſeſſeurs de
droit , comme de choſe tres-aſſeurée:
Que ſi nous vſons encore de ce monde,
que ce ſoit au moins comme n'en vſant
point trauerſans en haſte comme paſſa-
gers & forains , ſans que rien puiſſe re-
tarder noſtre courſe. D'où s'enſuit en
troiſieſme lieu, que noſtre veſtement ſera lors bien ordonné ſelon la profeſſion
de pieté & crainte de Dieu , auquel ne
ſe verra rien qui nous puiſſe eſtre en reproche : Au contraire quand nous aime-
rons tant les magnificens & ferons ſi
grand cas auec le monde des eſtoffes riches & façons de prix , il y aura danger
de faire ſoupçonner que nos cœurs ſont
encore charnels & terreſtres, qui eſt vn
vilain blaſme pour noſtre profeſſion. Or
voila comment nous deuons faire la recherche de nos qualitez. En quoy il ſe
trouuera touſiours, que pour y apporter vn veſtement conuenable , les façons des mondains n'y ſeront iamais
propres.

QVESTION VI.

Que pour bien ordonner de noſtre accouſtre-
ment, il ne faut pas oublier ce que
nous ſommes ſelon noſtre corps.

MAis apres auoir deduit ce que
nous ſommes ſelon les qualitez,
que nous auons obtenuës par grace &
vocation de Dieu, il eſchet auſſi auant
que de paſſer outre de regarder à noſtre
corps. Lequel eſt tiré icy en cauſe comme le ſuiet de noſtre veſtement, afin d'y
prendre aduis & conſeil, faiſant tout
premierement conſideration du corps
en ſoy, & puis conioinctement auec la
grace. Mais ie croy qu'en quelque façon que nous le puiſſions prendre, nous
n'aurons pas beaucoup d'occaſion de
nous amuſer à le tiſſer, peindre & mignarder. Car quant à ce qu'il eſt en ſoy,
ie n'ay que faire d'empliſier de paroles
ſa pauureté, puis qu'vn chacun de nous
experimente en ſoy que ce n'eſt rien que
foin, vne fumée, vne vapeur, rien que
poudre & fange, en vn mot la cauſe &
le ſuiet de toute ordure & putrefaction

Que l'homme donc se fasse vn amas
d'habits des plus riches qu'il choisira, ce
sera pourtant vne peine & despence digne de mocquerie, lors qu'on verra arriuer soudainement le courier & le Ser-
gent hearter à sa porter pour le forcer
de despoüiller auec honte ce pesant fardeau d'habits si desirez, & le tirer delà à
la fosse pour y estre reuestu de vers &
d'ordure, Et pour auoir pris tant de peine à se friser & contregarder son teint du
hale auec vn soin nomparcil, il sera tout
estonné quand vne maladie l'attaquera
à l'improuiste, ou qu'vne hastée vieillesse viendra rider son front & respandre la
paleur sur sa face. Ce n'est donc sans raison que l'Apostre parlant de ce corps
terrestre, le fait semblable à vne maison
telle qu'elle, qui seroit fondée non sur le
ferme, mais à vne loge couuerte de chau-
me & construite de matieres legeres
pour vn peu de temps. Or ie vous prie
qui a il là, qui merite que l'on le pare
auec tant de solicitude. Car quand on aura basty vn Palais sur des fermes fonde-
mens auec des bons materiaux & de longue durée , il y aura quelque raison d'y
faire des enrichissemens. Mais qu'elle

apparence y a t'il que celuy qui à vne lo-
gete appuyée sur deux fourches, faites de
bouë & de crachats, & en danger de n'y
demeurer débout qu'vn iour & reduite
le lendemain en poudre, il y aille faire
des despêces pour l'embellir auec de l'or
& des somptueux ouurages? Certes ie ne
pense pas que les Chrestiens ne soient
appris par vne telle misere, de penser
mieux & de souhaitter plustost auec l'A-
postre la deliurance de ce corps mortel
& desirer plustost auec le mesme l'edifice
de Dieu, la maison eternelle qui n'est
point faite de main d'homme & non pas
s'amuser à parer le corps, l'orner d'or &
d'argent, & de tout ce qu'on peut nommer de precieux au monde. Car ce seroit
tousiours le reuestir de corruption, au
lieu d'immortalité & de gloire, Voila les
desirs de l'Apostre, qui doiuent boüil-
lonner dans les cœurs des Chrestiens,
ausquels il ne sera iamais conuenable de
se plaire auec le monde n'y de parer le
corps auec tant de peine & de despence.
Car à considerer ce corps en soy, la profession de pieté n'accordera iamais de le
reuestir de tant de pompes & magnificences, Et pource voyons le maintenant

en ce qu'il pût auoir de l'honneur & de
gloire d'ailleurs, pource qu'à ouyr parler l'Escriture, c'est merueille que d'vne
chose si ville & abiecte en soy, la dignité
en soit si grande. Car pour prendre la
chose de plus haut, nous pouuons dire
sans vanité d'auoir esté crées priuatiue-
ment à toutes autres creatures à l'image
& semblance de Dieu. Et combien que
le suiet de cette image soit proprement
en nostre ame, toutefois nostre corps en
porte les marques assez visibles en cette
forme & maiesté que Dieu luy à donnée
par dessus tous les animaux. Or si l'Image de Dieu se trouue là, elle merite bien,
qu'vn tel respect luy soit rendu à ce que
rien n'en puisse approcher, qui ne luy
conuienne. Car ce qui fut du commencement si contraire à cette Image, & qui
l'effaça presque toute, ce fut l'orgueil,
l'amour de soy & le desir d'vne plus
grande excellence, que celle que Dieu
luy auoit donnée. Mais aujourd'huy l'humilité la temperance, la modestie & la
pureté sont les parties en nous du renou-
uellement de cette Image par la grace de
l'Euangile. Il s'ensuit donc que le vestement sera lors propre pour estre appro-

Colos.
3.
Eph. 4

prié à cette Image, auquel se verront
toutes ses belles vertus, & celuy-là du
tout contraire & repugnant qui tiendra
de l'orgueil, de l'amour de soy-mesme,
de la conuoitise & de l'impureté. Mais
outre cela l'Image de Dieu luy donne
vne prerogatiue & vn droit de dominer
sur toutes creatures, l'or, l'argent, perles, pierres precieuses, estoffes de prix,
& toutes autres matieres, dont nous
auons parlé cy-deuant. Si bien que cette
Image demeure en son honneur, tant
que nous commandons à toutes ses choses, & les auons toutes sous nos pieds,
comme suietes & inferieures. C'est
donc renoncer à cette Image d'asseruir
son cœur à des creatures mortes pour en
faire parade auec honte en nostre vestement; Vn autre dignité de nostre corps
gist en ce que nostre Dieu l'appelle par
vne grace speciale son temple, pour autant qu'il luy plaist y habiter par son
esprit. C'est donc bien la raison que pour
le respect de cette grande Majesté (qui
nous fait l'honneur d'y choisir son domicile) que la garde nous en soit chere,
pour le moins autant qu'aux Leuites celuy qui fut iadis en Hierusalem, auquel

rien n'eſtoit receu, qui ne fut ſanctifié &
net de toute ordure, Finalement leur dignité ce conſidere encore à l'eſgard du
ſalut qui leur eſt promis dans le ciel , Car
la grace leur eſt commune , eſtant Ieſus-
Chriſt le Sauueur des corps , auſſi bien
que des ames. Et combien qu'ils ſoient
encore ſuiets pour vn temps , à cette mi-
ſere & corruption, dont nous auons deſia
parlé: toutefois leur gloire ſera en ce
qu'ils deſpoüilleront ce qui eſt corru-
ptible & vain. Ce qui nous doit ſeruir
d'vne admonition perpetuelle de les eſ-
loigner des à preſent de toutes vaines &
corruptions. Voila donc les qualitez de
nos corps tant en l'vne qu'en l'autre ſorte , afin que delà nous prenions Iugement de faire ce qui ſera plus propre
& mieux ſeant à noſtre veſtement,
Or il ne ſe trouuera point que ce ſoient
les attiffemens pompes & ſuperfluitez
des mondaius.

QVESTION VII.

Que pour bien ordonner de nostre accoustre-
ment il faut auoir esgard aussi à Dieu.

MAis pour entendre plus clairement l'Estat conuenable à la profession de pieté & crainte de Dieu, il
nous faut voir encore à qui sur tout
nous deuons plaire & nous rendre agreables par l'accoustrement. Pource que
les mondains se preposent de se rendre
agreables à leurs semblables, c'est à dire à des personnes qui ne prisent rien sinon ce, qui s'accorde à leur vanité &
connoitises. De maniere que pour leur
complaire il faut qu'ils s'habillent à leur
mode & en des façons vaines charnelles
& mondaines. Mais les Chrestiens en
ont vn autre, auquel ils se doiuent rendre approuuez en toutes les parties de
leur vie, qui est nostre Dieu, le Maistre & Seigneur de nous tous, auquel nous
deuons aussi l'entier de nous tous & deuant qui nous auons à rendre compte,
iusques au dernier point, puis mesme
qu'il nous voit d'en haut contemplant

tout noſtre Eſtat, il eſt vray qu'il y en a
qui s'en mocquent quand nous diſons
que Dieu prend garde de ſi pres iuſques
au veſtement. Mais s'il eſt ainſi qu'il
tienne regiſtre des paroles oyſiues &
qu'il paiſe à la balance iuſques aux pas,
allures & venuës, que nous faiſons, comme l'Eſcriture en parle, il n'eſt pas à croire que nos veſtemens ne viennent auſſi à
ſa connoiſſance & à ſon iugement, n'e-
ſtant pas la moindre partie des affaires,
ſolicitude & actions de la vie. Cela eſtant
ainſi il faut mettre peine de complaire à
Dieu entierement ; *ſoit que nous mangions,*
ſoit que nous beuuions, ſoit que nous faſſions
quelque autre choſe, faiſons la à la gloire de
Dieu, cõme l'Apoſtre l'enſeigne. Ce ſont
voirement propoſitions ſi vniuerſelles,
qu'il n'y à point de raiſon d'en exempter
le veſtement pour ne venir point en conſideration deuant la Majeſté diuine. Il
faut donc que cette partie de nous luy
ſoit conſacrée auſſi bien que les autres:
Car les obligations que nous luy auons,
nous amenent là ſans parler du droit qu'il
à ſur nous de nous auoir crées (cela nous
eſtant commun auec les autres) mais des
benefices de redemption & d'acquiſition

par

Mat.12.
Prou. 5
& 15.

1. Des
Corint.
10.
Colo. 3.

par lesquels il nous à fait siens d'vne obli-
gation si estroite que rien plus. Car nous
estions morts (ce dit l'Apostre) & il nous
à viuifiez par celuy qui est mort & resus-
cité pour nous, à sçauoir Iesus-Christ, Et
à cecy appartient le passage tant renom-
mé de l'Apostre au douziesme de l'Epistre aux Romains, où apres qu'il a eu am-
plement remonstré que toutes les parties de nostre salut sont de la pure mise-
ricorde de Dieu, il nous exhorte quant
& quant de respondre à vne si grande
bonté par vne vie bien reglée, disant?
Que nous offrions nos corps à Dieu en sacrifi-
ce, pour signifier combien cette partie
doit estre contregardée, car il ne faut
pas faire estat d'aucune pureté interieure si le corps tout ensemble n'est comme
vne Hostie consacrée deuant Dieu. Ne
se pouuant faire autrement que le corps
soit tout ensemble à Dieu, & que le vestement le publie estre asseruy à l'orgueil
& à la dissolution, Ce qu'estant vray il
est aisé à iuger quel doit estre le vestement, car à voir la façon de la pluspart
de ceux, qui reuestent leurs corps de
pompes & d'artifices pour les parer &
les attiffer de tant d'inuentions, vous ne

D

sçauriez autrement penser de telles gens
sinon que leurs corps leur sont Hosties
parées de tant de fleurons pour en faire
hommage à leurs cupiditez ambitieuses,
& à leurs Nymphes & Deesses qu'ils appellent. Bref aux yeux du monde qu'ils
adorent, mais S. Paul nous enseigne que
ce n'est pas à telles Idoles reparées que
cette partie de nous est voüée, ains à
Dieu pour luy estre presentée en forme
dommage & reconnoissance de ses misericordes, Et pourtant que nous la deuons
tenir tousiours en vn estat, qu'il luy plai-
se, d'où vient qu'en poursuiuant la
comparaison de ce sacrifice spirituel, il
adiouste que ce sacrifice de nos corps
doit estre *viuant, saint & plaisant à Dieu,*
afin qu'en ses anciennes figures nous ap-
prenions quel doit estre l'estat de nos
corps en cette oblation. Car afin que
l'oblation fut agreable à Dieu, la Loy
ordonnoit que la beste du sacrifice seroit
pure, nete & sans tare, Et apres que par
l'imposition des mains des sacrificateurs,
elle estoit sanctifiée, il n'estoit plus loisible de l'approcher d'aucune chose
soüillée & prophané. Pour nous apprendre que nos corps doiuent estre ainsi

purs & sanctifiez deuant Dieu, esloignez
de toute chose immōdé. Et de vray, ce ne
seroit pas vn sacrifice viuant, si nos corps
estoient presentez à Dieu, parez de choses mortelles & perissables, ce ne seroit
non plus vn sacrifice Saint, si Dieu les
voyoit reuestus à la façon des prophanes,
n'y vn sacrifice agreable à Dieu s'il y
auoit quelque tache d'orgueil & d'impudicité, qui sont les vices que Dieu deteste
sur tout s'ensuit donc que si la sanctification & consecration de l'entier de nos
corps est là requise, certes les vestemens
la doiuent pareillement auoir & de tant
plus qu'à toutes heures nous deuons venir à la presence de Dieu, soit par l'in-
uocation de son nom, soit par la medita-
tion de ses benefices & de l'amour qu'il
nous porte. Nos corps donc doiuent
estre pour tousiours repurges, ce qui ne
peut estre si le vestement tient quelque
chose du vice, Et c'est l'Apostre, qui ap-
pliquant ainsi cette consideration au
deuxiesme de sa seconde à Timotée, l'e-
stend iusques au vestement. Car apres
auoir dit : *Que nous pouuons aujourd'huy*
inuoquer Dieu en toute hardiesse en quelque
lieu que nous soyons, il parle tout d'vne

D ij

main aux femmes, que puis qu'elles peuuent venir ainsi deuant Dieu auec cette liberté, elles doiuent pour bien vser de cette grace estre si sages, qu'elles ne doiuent prendre aucun vestement sur soy, qu'il ne leur soit conuenable en despoüillant toutes ses braueries, bobances, frisemens des cheueux & toutes vanitez mondaines, qui ne peuuent plaire à Dieu, voila l'aduis & le conseil que nous deuons prendre du respect & de la reuerence que nous deuons à Dieu pour bien composer nostre vestement.

QVESTION VIII.

Qu'en nostre vestement il faut auoir encore esgard à nostre prochain pour le bien ordonner.

ET de fait, lors que nous disons que la pieté veut & requiert qu'en nos vestemens nous n'ayons autre but de ne faire chose que Dieu n'a prouué, ce n'est pas que nous ne deuions aussi auoir esgard aux hommes en quelque sorte & maniere; attendu le respect que nous deuons à Dieu, qui aussi le nous commande

pour leur edification. Car l'edification
eſt vne des regles des actions de noſtre
vie, notamment en la matiere des choſes indifferentes, ou nous auons deſia
dit que cela doit eſtre ſuiuy, qui eſt expedient, & qui peut ſeruir à edifier nos
prochains. Pour le regard donc des
hommes nous diſons que le veſtement
conuenable à leur pieté eſt celuy, lequel
ne ſera point pour plaire aux yeux de la
chair & pour donner cours aux vices, ou
d'eſtre en occaſion deſcandale, mais qui
ſera pluſtoſt de bon exemple à tous ceux,
auec leſquels nous conuerſons. Car quã̃d
les veſtemens ſeront bien reglez aux
perſonnes, qui font profeſſion de craindre Dieu, l'exemple n'en ſera pas de peu
de vertu en l'Egliſe, pour induire & ranger les fideles en vne honneſteté ſem-
blable. Mais ſi ceux qui ſont en quelque
reputation de craindre Dieu ſont veus
ſe plaire aux curioſitez & inuentions des
gens du monde: certes voila vn exemple pour tirer toute vne multitude en
diſſolutions & débauches, car outre ce
que le peché à du venin pour infecter en
ce fait d'habits, il s'engendre encore vne
telle enuie & démangaiſon entre les voi-

fins pour en porter de mefme, qu'à dire
vray, ils ne peuuēt fouffrir de ceder en riē
que ce foit aux autres, Et puis on fe per-
fuade aifément eftre licite de faire ce que
les autres font, D'où vient que les corruptions fe gliffent & coulent peu à peu par
tout. Et malheur à ceux qui en sõt la caufe & qui portent telles vilainies & ordures en l'Eglife de Dieu. Mais comme nous
viuons icy parmy des pauures gens er-
rans, aufquels il conuient auoir efgard,
certes nous fommes enfeignez de procu-
rer chofes honneftes deuant tous hommes, de cheminer fagement parmy ceux
de dehors, d'auoir parmy eux vne conuerfation honnefte, & leur feruir de lumiere. Car S. Pierre preffe notamment
cela en cette matiere des accouftremens, lors que voulant exhorter les
femmes de fe veftir d'vne façon conuenable en crainte & modeftie, non point
en pompes & artifices, il leur propofe
cette regle de s'efforcer par cette faincte
conuerfation, *de gagner fans parole ceux,*
qui n'obeyffent point à la parole : Et de fait
ce bien où tout premierement ils iettent
les yeux, que fi nous fommes tant fages
de ne leur prefenter rien que ce qui leur

Rom.
12.
Colof.
4. & 2.
Ep. 2.

sera en tesmoignage de pureté & de mespris des choses vaines, ils seront touchez sans doute d'admiration de la vertu de l'Euangile, qui aura fait ce changement en eux & possible pour estre gaignez tout à fait, ou pour le moins pour estre confus en eux mesmes, ce qui n'est pas gagner peu. Mais aussi quand ils voyent le contraire, ils ne faillent pas d'abuser de l'occasion à nostre honte, accusant & blasonnant cette hypocrisie: que l'on fasse profession de seruir au Dieu viuant, & que cependant il n'y ait aucun changement des premieres somptuositez despences & gaillardises, qu'vne femme parle que l'amour de Dieu doit posseder nos cœurs qu'il faut renoncer au monde & ne sabrutir pas apres les choses vaines & caduques, & neantmoins qu'elle soit la comme vne Nymphe chargée de vanitez & d'habillemens, non point plus chastement qu'vne Courtisane ; certes cela ne peut estre qu'à la honte & risée de ceux qui font telles choses, mais le pis est au deshonneur de Dieu & de sa parole. Or telles façons d'accoustremens donnans ouuerture au monde & à ses vanitez dedans les compagnies Chrestiennes, & aux estrangers matiere de mocqueries si preiudiciables à l'edification du prochain, ne peuuent estre conuenables aux Chrestiens, Et de vray si nous cherchons les ornemens, il faut choisir ceux, dont la parole de Dieu en soit ornée, comme c'est aussi le terme duquel l'Apostre vse, lors qu'il nous exhorte de ne presenter rien aux yeux de nos prochains qui ne soit à l'honneur de cette doctrine, de laquelle nous faisons profession auec les saincts Apostres.

QVESTION IX.

Qu'il faut faire choix des vrais ornemens pour ne se tromper pas en nostre vestement.

CErtes il impore grandement d'entrer icy en consideration des ornemens ; que l'on appelle, afin de sçauoir quels sont les vrais en soy & qui peuuent estre à honneur & à reputation des Chrestiens, d'autant que nous voyons arriuer icy ce qui se trouue souuent en la question de ce qui est honneste & que

le nom d'ornement eſt donné quelquefois à des choſes, qui y repugnent totale-
ment. Il faut donc faire icy le choix de
peur de prendre l'vn pour l'autre, & en
danger de veſtir l'infamie pour l'honneur, car il y a voirement vn iſtinct à
l'homme qui le pouſſe à deſirer vne excellence, Mais quand tout ſera bien con-
ſideré les braueries, les ſuperfluitez, les
artifices des cheueux & choſes ſemblables, ne tiendront iamais le rang de vrais
ornemens, quoy que le monde s'en penſe autrement, car nous appellons ornement ce qui nous rend vrayement riches
& ornez d'honneur. Mais il ne ſe trouuera rien en toutes ſes choſes externes, qui
puiſſe eſtre proprement à honneur & re-
commandation. Car premierement toutes ſes magnificences & attiſſemens ſont
le plus ſouuent accouſtremens de Mu-
guets, de gens prophanes & ambitieux
Eſtans donc ainſi communs à des perſonnes infames, ce n'eſt pas pour a-
uoir rien de rare d'honneur & d'ornement. Que ſi les vrais ornemens eſtoient
ceux là, il n'y auroit que les riches, qui
auroient les vrais honneurs, les pauures
eſtans empeſchez de faire telles deſpen-

ces, ores que la pauureté soit coustumierement le domicile de l'hōneur, Où l'on
void la vertu mettre le bureau cent fois
plus en estime, que les d'orures, paremens & artifices, de ceux qui les portent. Tellement qu'on peut dire à bon
droit ce qu'vn Seigneur de Lacede-
mone disoit des places de préeminence,
que l'accoustrement ne fait pas l'honneur à la personne, mais c'est la personne qui le fait à l'accoustrement. Or ce
qui n'a l'ornement & l'honneur en soy,
mais l'emprunte d'ailleurs, n'en peut
estre la cause. Et de vray ce sont aussi
choses vaines, lesquelles s'achetent auec
peine, soucy & despences bien grandes
pour estre enfin le butin de la vermine
& roüilleure à la honte, de ceux qui les
portent & possedent, ou bien souuent
despoüillez des larrons & malfaicteurs.
Mesmes qu'il arriue assez souuent que
ceux qui ont prodigue ainsi leurs sub-
stances s'en vont chargez des l'ambeaux
mourans nuds & languissans, apres s'e-
stre faits la fable & risée de tout le peuple. De sorte qu'il s'en faut bien que telles braueries meritent le titre d'ornement à la personne qui les porte, que

pluſtoſt il n'y à rien qui y ſoit ſi contraire.
Car ſi dans le cœur ſe cache quelque turpitude ou vanité ou orgueil ou deſonne-
ſteté, c'eſt par là qu'elle ſe deſcouure. *Le*
veſtement de l'homme (ce dit le Sage) fait le
rapport de ce qui eſt en luy. Pource que dans
les ſomptuoſitez d'or, d'argent, de perles & ioyaux de prix adherans aux habits, l'on void par experience que le
cœur s'enfle d'orgueil & s'enroüille de
vices. De ſorte que par tels parfums, les
penſées des biens celeſtes ſont amorties,
les courages deuiennent effeminez & les
appetits de la chair s'irritent dauantage.
Cela a eſté ainſi connu en l'ancienne republique Romaine, & ailleurs que la
premiere ſimplicité des veſtemens ne ſera point delaiſſée pour donner entrée au
luxe & aux ſomptuoſitez afin qu'il ne
s'en enſuiue vn relaſchement de toute
bonne diſcipline. *Ce ſoin de parer le corps,*
montre la l'aideur & deformité qui eſt au de-
dans, les delices du corps la faim de l'ame, &
les braueries des accouſtremens la priuation des
vertus, à dit autrefois S. Iean Chryſoſtome Eſcriuant ſur le c. Chap. du genes.
Or ſi l'ornement & l'honneur de la perſonne, ne giſt point en telles pompes &

Eccleſ.
14.

artifices, ou sera il donc si ce n'est en la
vertu, c'est à dire en toutes bonnes œuures, côme le S. Apostre l'expose en cette
matiere. Car la vertu c'est le vray & precieux ornement deuant Dieu, & par consequent la cause du vray honneur, que
si deuant Dieu, il le doit estre aussi au iugement des hommes. Si donc cette vertu
se trouue au vestement & non point en
braueries & en attissemens, ains aux autres parties que nous dirons cy-apres:
n'aurons nous pas le vestement vrayement precieux & l'ornement côuenable
à la professiõ de pieté & crainte de Dieu,
S. Pierre, qui sçauoit bien que la ieunesse
brusle volontiers d'vn desir de paroistre
par les braueries& paremens les exhorte,
que s'ils veulent auoir vn vray ornement
c'est de le prendre en humilité, qui est la
vertu, laquelle doit paroistre le plus au
vestement. Or ce sont les vertus que
nous allons proposer maintenant pour
les vrais & seuls enrichissemens de nos
personnes, puisque nous apprenons de
la parole de Dieu qu'ils ne sont point aux
magnificences & artifices des mondains.

Fin de la premiere partie.

SECONDE PARTIE
CONTENANT
LES REGLES
A OBSERVER EN
L'ACCOVSTREMENT DV
CHRESTIEN.

REGLE PREMIERE.

LA forme d'enseigner requeroit qu'a-
uant toutes choses, ie proposasse les
considerations plus generales appartenantes à cette matiere. Pour delà me faire passage aux regles plus particulieres,
qu'il me faut maintenant exposer, afin de
preparer des ornemens conuenables à
l'accoustrement du Chrestien. En quoy
i'ose me promettre, que ceux qui auront
appris de ne rien desirer, qui ne conuienne à leur condition (laissant en arriere les desirs de la chair & le monde)
seront disposez à receuoir plus volontiers l'ordre & les reglemens que i'en

donneray, dont le tout pourra estre re-
duit à ses deux points; qu'est de suiure en
l'accoustrement ce que la necessité demande où ce que l'honnesteté requiert.
Quant à la necessité elle parle d'elle-
mesme pource qu'elle n'a point de Loy,
mais le principal gist de bien entendre en
quoy consiste l'honnesteté. Ce que i'espere de faire voir tout premierement par
ses regles plus communes à toutes sortes
de personnes, & puis à ce qui peut estre
de plus special aux qualitez & conditions d'vn chacun, aux fins d'obtenir cét
Estat honneste que nous cherchons en
nostre vestement. Mais à tout cela nos
deux Apostres nous fourniront assez
d'instructions suffisantes, sans en em-
prunter d'ailleurs. Car S. Paul veut que
l'accoustrement du Chrestien soit d'vn
parement honneste auec vergogne &
modestie. A quoy S. Pierre qui n'en de-
sacorde pas adiouste de plus, la chasteté
auec la crainte. Si qu'à ces vertus il sera
bien aise de rapporter ce qui est de l'honnesteté de nostre accoustrement. La premiere donc selon S. Paul consiste en vn
parement honneste, qui n'est autre qu'vn accoustrement proprement & agencé auec

quelque ordre. D'autant qu'il y en a,
qui n'ont en cecy aucun ſoin, ains s'en
vont tous craſſeux, mauſſades & deſchi-
rez par l'ambeaux, comme s'ils ſe plai-
ſoient à telles ordures. Qui eſt vne grande vilenie procedante aux vns d'vne certaine brutalité, ſtupidité & nonchalance, & aux autres d'vne ſote ambition.
Pource que iadis il y auoit entre les Phi-
loſophes de la Grèce, qui s'en alloient
ainſi mal aiuſtez & ſans ſoin faiſans les
ſimples & ſe mocquans des autres. Enquoy il eſtoit bien aiſé à voir que par
cette turpitude Cinyque & affetée, ils
cherchoient de la gloire, qui auſſi leur
eſtoit reprochée auec meſpris & deſ-
dain, car combien que l'ambition de
paroiſtre n'y ſeroit pas, touſiours telle
turpitude repugne de ſoy à l'honneſteté
choſe qui ne peut eſtre attribuée qu'à
vn eſprit abety pareſſeux & negligent. A
quoy S. Paul oppoſe ce parement honneſte, c'eſt à dire vn accouſtrement plus
propre & accommodé auec bien ſeance
pour eſtre à honneur à celuy qui le porte.
Mais touſiours ſelon l'Eſtat & vacation
d'vn chacun, ce que ie d'y ſans bleſſer
ceux que la deuotion Chreſtienne en a

depuis poussé aucuns, qui se disans Chrestiens, ont choisi vn Estat d'vne plus rare,
mortificatiõ tant en la simplicité de leurs
habits, qu'en leur genre de vie : lesquels
quoy qu'ils fassent profession de pauureté, toutefois ils practiquent soigneusement ce que dit le deuot S. Bernard, *pau-
pertatem dilexi*, *sordes autem odio habui*, iay
aimé la pauureté, mais aussi i'ay en horreur les salerez & ordures, car elles pu-
ront tousiours au nez des hommes & leur
feront horreur. Que si nous prenons
cette honnesteté de plus loing, nous
trouuerons qu'elle regarde tout ce qui
est propre & conuenable à Nature, car
apres le peché, nos premiers parens eurent honte de se voir nuds, & non sans
cause, car comme la nudité auant le peché estoit honnorable, belle & aggreable
à voir, elle deuint autant vilaine,
l'aide & honteuse apres, dont Dieu,
qui en eut pitié les voulut luy mesme vestir & leur fournir d'habits. Delà donc
nous deuons tirer vne regle de l'honnesteté naturelle, que l'homme ne doit pas
aller nud, ains couuert & vestu. Que si
aujourd'huy il s'en trouue aucuns, qui
viuent autrement, comme l'on nous
parle

parle des Sauuages de l'autre Pole &
d'autres que l'esprit d'erreur à fait voir
quelquefoisainsi abusez enl'Europe:Cer-
tes telles gens se peuuent dire approcher
plustost de la nature des bestes & d'estre
priuez du sens cõmun par vn iuste Iugement de Dieu, cõme nous le lisons de ce
Demoniaque, dont S.Luc, qui le rapporte au huictiesme Chapitre de son Euangile: compte cela entre les effets de sa rage
& de son troublement par les esprits im-
mondes. Et sur ce propos l'Apostre se
monstre si exacte obseruateur des choses
conuenables à la nature: que parlãt de la
cheuelure des femmes en l'vnziesme de
la premiere aux Corinthiens : il n'approuue pas qu'elles soient rases ou tonduës, ains il veut qu'elles ayent le chef
couuert de leur cheueleure propre,com-
me chose qui leur est à honneur. Ioint
que la mesme Nature qui nous à enseigné d'auoir si grand soin des parties de
nostre corps , qui sont les plus foibles &
de celles que nous estimons les plus deshonnestes & honteuses : c'est la mesme
qui nous apprend de les couurir auec
plus d'honneur, afin que ce qui est deue-
nu l'aid en nous par le peché n'appa-

E

roiſſe plus. Car telles cognoiſſances &
impreſſions que nous auons de Nature,
S. Paul les rapporte à Dieu. Tellement
que celuy qui feroit le contraire ne reſi-
ſteroit pas ſeulement à la Nature mais à
Dieu, qui en eſt l'Autheur. D'où nous
concluons que pour garder l'honneſteté
en noſtre accouſtrement, l'on doit auoir
eſgard à ce qui ſera ſelon la Nature, afin
de la ſuiure & fuit toutes choſes, qui luy
ſont eſtranges & preiudiciables en quelque ſorte à ſa dignité.

REGLE II.

Qu'il ſoit dans la ſobrieté contre les excez.

OR quand nous parlons d'enſuiure
en cecy la Nature pour guide &
d'auoir vn parement honneſte : Certes
ce feroit choſe bien ſouuent perilleuſe,
ſi nous n'y adiouſtions des bornes, dans
leſquelles nos deſirs ſoient retenus, afin
que nous ne nous trompions pas pre-
nant ſon contraire pour l'honneſteté,
Car les grandes corruptions, dont l'entendement de l'homme eſt enuelopé,
ne ſouffrent pas qu'il puiſſe connoiſtre

ce qui est conuenable en cet endroit. Or
ses bornes seront toutes les parties de la
vertu que nous appellons attrempance,
laquelle nous apprendra de garder mesure, de commander à nos conuoitises,
d'estre retenus, moderez, & tellement
sobres que nous ne fassions pas en nostre
accoustrement tout ce que nos appetits
desirent : mais autant que la sobrieté
nous permet & qui suffit pour fournir
aux fins de l'vsage d'vne chacune chose.
Faire autrement c'est violer l'vsage des
vestemens, parce qu'en se glorifians de
ce qui les deuroit inciter à humilité &
vergogne, ils font tout ainsi qu'vn mal-
faicteur, qui ayant esté flestry pour ses
malefices, se glorifieroit de ses flestris-
seures en les mettant en monstre & en
parade au lieu de s'humilier. Car la fin
du vestement est de seruir à cacher la
honte de l'homme, à le couurir & defen-
dre du froid & autres iniures de dehors
auec l'honnesteté conuenable à l'estat
d'vn chacun. Voila donc l'vsage, & s'il
y à du surplus & non necessaire à ses fins,
ce sera excez & vice. Tel fut l'ordre que
Dieu enseigna aux hommes du commencement quand les voyant se couurir

des fueilles, il leur fit des habillemens
des peaux des beftes mortes, quoy qu'il
leur en peût faire d'autres eftoffes beaucoup plus exquifes; Mais c'eft qu'en leur
donnant ce qui eftoit plus propre &
mieux feant, il leur apprenoit quant &
quant de fe contenter & de n'auoir rien
de fuperflus. Cependant voicy l'endroit
de la vie ou l'abondance & le defordre
paroift le plus : car s'il y à de l'excez &
diffolution aux nopces & feftins, c'eft
fur tout aux habits. Enquoy les conuoitifes font fi gloutes & les curiofitez
gouffres fi infatiables, qu'il faut aller
foüiller dans les entrailles de la terre &
courir les Indes auec mille perils pour
les affouuir. C'eft icy que l'efprit de
l'homme fe trauaille le plus pour remuer
des modes & nouueautez & l'ame y fera tellement aueuglée, que les richeffes
autrement tant cherement acquifes &
gardées auec telle folicitude, y feront
proftituées quafi par defpit, iufques à
s'en enfuiure des ruines totales, mefmes
que les femmes de nature chiches, y pro-
digueront tout par defpences mon-
ftrueufes, Voire ce fera chofe de merueille à voir qu'vn fexe fi delicat & fi debile,

se trouue quelquefois supporter vne
charge de soyes , d'or, d'argent & de
carquans , tellement pesante qu'vne
beste de somme en seroit trauaillée. Or
telles façons n'ont rien qui les excuse,
car la Nature qui se contente de peu, n'a
pas de besoin de tant de choses. La necessité peut auoir suffisance sans tout cela & l'honnesteté ne se trouuera iamais
en quelque personne que ce soit qu'auec
sobrieté & mesure. Ce sont donc despences vaines & inutiles voire abus manifeste des biens de Dieu & par consequent mespris & iniure à celuy qui les
donne. Car ce que nous auons de la main
de Dieu & de sa pure grace , nous doit
estre d'vne garde plus chere. Et de fait il
n'y à pas apparence qu'il puisse approu-
uer vne telle dissipation des biens qu'il
nous met en main pour bons vsages. Cependant on laisse perdre les occasions de
les dispenser, où il entendoit les auoir
destinez, car nous auons les pauures auec
nous & les aurons tousiours & c'est vn
ordre qu'il à mis entre les hommes pour
bonnes causes & raisons, D'autant que
ses pauures sont ses creatures , ses enfans , nos freres , ceux que Iesus-Christ

E iij

auoüe pour siens, Consequemment heritiers auec nous du Ciel & de la terre,
c'est à dire ayans vn commun droit en
l'vsage de toutes choses que Dieu à
créés pour cette vie. Que si les riches
n'estoient saisis de cette abondance que
pour eux, ils auroient quelque apparēce
d'excuser leurs superfluitez; Mais ce seroit porter peu d'honneur à la benignité
de Dieu & du soin, qu'il à de ses creatures, mesmes de ses enfans d'estimer
que pour assouuir les cupiditez d'aucuns,
il ait priué de ses biens les autres & laissé
leur necessité abandonnée & destituée à
la veuë de telles vaines despences. C'est
bien assez qu'il ait fait cette grace &
auantage aux riches de les auoir choisis
pour receuoir de sa main la proprieté de
tous ses biens sans qu'il soit permis de
leur faire aucun trouble & fascherie.
Mais aussi (establissant cet ordre afin
d'empescher les confusions) il n'a iamais entendu que quant à l'vsage les pauures n'y eussent leur droit, aussi bien que
tous les enfans d'vne famille l'vsage des
prouisions: iaçoit que les clefs & la garde en soit commise à vn seul, Et nous sçauons iusques où Dieu proteste que le

pauures luy touchent, auec qu'elle in-
stance il en recommande le soin, qu'elles promesses à ceux qui leur feront du
bien & au contraire qu'elles menaces à
ceux qui leur auront defailly? Quoy auroit-il bien agreable que tu fusse char-
gé de soyes, d'or & d'argent, te pouuant passer à moins, si cependant ceux
qui portent son image qui sont les membres de son fils, ta propre chair & tes
freres, ausquels tu dois selon la Regle de
charité ta propre vie, demeurent deuant
tes yeux nuds l'anguissans & mourans
de faim? Combien de pauures souffre-
teux pourroient estre rassasiez & reuestus au fort de l'hyuer du prix de tes
chaisnes, de tes carquans, de tes perles
& pierreries, qui ne te seruent que de
charges, & de tesmoins pour publier
ton orgueil & ta vanité? Or sçachons
donc que telles superfluitez ne s'accorderont iamais en rien au droit vsage des
biens de Dieu, à la charité Chrestienne,
& a cette naturelle compassion, qui doit
brusler les cœurs, lors de la necessité de
nos freres. Il est de ses despences desre-
glées, ce qui se dit des gourmandises &
des yurogneries, que ce sont cupiditez

brutales, gouffres & calamitez publi-
ques, violences faites à Dieu & à l'ordre
de la Nature, cruautez, larcins & inua-
fions tyranniques de biens, dont l'vfage
deuroit eftre commun. Ce fut la caufe
pourquoy S. Iean Baptifme (puis que
nous fommes fur cette matiere) exhor-
toit ceux qui venoient à luy de fe contenter d'vn veftement & s'ils en auoient
plus d'vn d'en donner l'autre à celuy
qui n'en auoit point : Car il connoiffoit
bien que les defirs des hommes n'ont iamais de fin , fi tous les coffres n'en font
pleins, fans que pour cela on fe donne
peine de la pauureté & nudité du prochain, Non pas que fon intention fut de
dire que ce foit chofe illicite d'auoir plus
d'vn veftement pour fon vfage, à prendre la chofe fimplement, mais ayant efgard aux pauures , il prononce que la
faute ne feroit pas legere deuant Dieu,
fi nous auions vn amas d'accouftremens:
cependant qu'vn autre feroit deftitué:
pour n'auoir pas dequoy fe couurir : Car
en S. Luc Chap. 16. il eft dit de ce riche
malheureux qu'il eftoit veftu de pourpre,
& de foye ou de fin lin, Non pas que ce
fuft chofe mauuaife de foy d'auoir fes ve-

ſtemens là, mais en ce cas icy, que cependant qu'il faiſoit telles deſpences en choſes dont il ſe pouuoit bien paſſer, les pauures eſtoient nuds & mourans de faim à ſa porte : Si que la peine de telles ſuperfluitez ; ce furent les Enfers, les langueurs & tourmens de la mort eternelle : pour vn exemple perpetuel à ceux qui abuſent ainſi des biens de Dieu à ſe faire braues. Somme toute que les ſuperfluitez ſont vicieuſes & à condamner de ſoy ; Que ſi elles ſont cauſe que nous venions à defaillir en quelque ſorte à telles neceſſitez, elles ſeront maudites au double deuant Dieu, Or que cela ſoit dit pour la ſobrieté de noſtre veſtement.

REGLE III.

Qu'il ſoit dans l'humilité contre l'orgueil & l'ambition.

CEpendant nous ne faillirons point ſi à cette ſobrieté nous donnons pour compagne inſeparable la vertu d'humilité, quoy que les mondains n'eſtiment pas que la Majeſté & grauité

puisse compatir auec vn Estat humble &
moderé sans les grandeurs & magnificences, en vn mot sans l'orgueil. Mais
pourtant si est-ce que ses parties de la
modestie Chrestienne sont si necessaires
que si l'vne manque, l'autre ne retien-
dra plus que le nom de vertu. Car quant
à l'orgueil, il ne se peut dire combien il
desplaist à Dieu, & repugne à nostre pro,
fession ; tellement que s'il s'en trouue la
moindre tâche en nos vestemens, ce sera
perdre sans doute cette honnesteté, que
nous cherchons tant. Et toutefois il n'y à
endroit en toute la vie, ou ce vice soit
plus commun, à cause d'vne certaine
affection naturelle, que nous auons de
nous faire voir & de ne ceder en rien aux
autres. A quoy il semble que l'accoustrement soit la chose plus commode
pour estre à la veuë d'vn chacun. Et de
vray cét orgueil se voit tout premierement aux habillemens de prix, aux bagues, aux ioyaux & autres pompes &
puis aux curiositez, aux façons & au
port. Car il y en a, qui n'auront pas les
moyens d'atteindre aux somptuositez
des autres, qui neantmoins estendans
leurs aisles, & se guindans auec vn port.

braue, comme il est escrit en Esaïe : font
paroistre vn cœur plus enflé de gloire
que ceux, qui font plus richement parez, cherchans par là de se faire voir, de
trouuer de l'honneur & d'estre regar-
dez auec admiration. De sorte qu'auec
telles pompes l'orgueil se nourrit &
prend force en la personne qui se regarde & se mire en son plumage à la mode
des Paons. Dequoy il n'en faut attribuer
la cause qu'à cette sote affectation de
la nature déprauée, qui à principalement introduit ce desreglement d'habits parmy nous. A quoy la parole de
Dieu n'y ayant pû apporter aucun ordre,
non plus que les Loix ciuiles (dont vn
chacun s'est dispensé) il à fallu enfin lascher la bride à tous indifferemment. De
sorte qu'en matiere d'habits il n'y à Seigneur, qui ne s'esgale aux Rois & aux
Princes, vn simple Gentilhomme à vn
Seigneur & vn Bourgeois à vn Gentil-
hôme. Et ainsi des femmes, les Dames
s'esgalent à la Royne & aux Princesses,
les Damoiselles aux Dames, les Bour-
goises & femmes de boutique aux Damoiselles, Et delà ie vous laisse vn peu à
penser combien se montera la despence,

Mais quoy n'y aura-t'il point de difference entre les Roynes , les Princesses &
autres femmes de qualité & celles qui
sont du rang commun ou inferieur ?
Ie respond qu'il est loisible aux grands
soient hommes ou femmes d'estre ac-
coustrez & couuerts selon leur dignité.
Car sans doute quelque Estat leur est
permis, qui peut & doit estre deffendu
aux autres, Aussi nous ne mesprisons pas
les vestemens excellens & les riches ornemens de ceux , qui sont dignes de les
porter à cause de leurs dignitez & prero-
gatiues, Mais aussi ils se doiuent contenir dedans les bornes de la sobrieté &
modestie Chrestienne & fuir toute dissolution & toute tache & marque d'impudicité. Or pour en parler tout de
bon ce n'est tout qu'ambition , qui ne
sçauroit estre conuenable aux Chrestiens, Car la vertu qui au dire d'vn an-
cien doit tenir & le premier & le second & le troisiesme lieu (c'est à dire,
qui doit luire le plus en toutes les parties
de leur vie ,) tant aux grands qu'aux
petits , c'est principalement l'humilité. Aussi l'Apostre qui donne (au douziesme des Romains) des preceptes

aſſez generaux pour les reglemens de
nos actions, demande ſur tout que l'on
taſche de s'accommoder aux choſes baſ-
ſes pluſtoſt que d'affecter les hautes, Ce
qu'eſtant plus particulierement rappor-
té aux accouſtremens, il s'enſuit que
l'Eſtat honneſte des Chreſtiens eſt de
veſtir non telles hanteſſes & magnificences, ains l'habit le plus ſimple, ſans apparence d'ambition & d'oſtentation.
Auſſi c'eſt bien ainſi que S. Pierre ex- 2. Epiſ. 5.
hortoit les ieunes gens de ſon temps
d'eſtre parez d'humilité, qui eſt de ſe tenir à vn Eſtat, dont l'honneur ne ſoit
point aux grandeurs du monde ; mais en
vne petiteſſe & ſimplicité toute oppoſée. Voila comment l'humilité doit donner Loy à nos accouſtremens, Au parſus
ie demanderois volontiers qu'elle raiſon peut-on auoir de faire icy ſes triomphes & employer les accouſtremens
pour paroiſtre & chercher par la de la
gloire : attendu que la neceſſité du veſtement procede tout premierement du
peché, Pour ce que deuant le peché, nos
parens n'en eurent que faire ; mais apres
auoir offencé Dieu ils coururent aux
fueilles pour s'en çouurir. Çe fut donc

vne necessité que le peché amena les
vestemens sur tout le genre humain: Tellement qu'autant de fois que nous prenons le vestement, autant de fois nostre
peché s'y presente & en consequence
nostre turpitude & vilenie, comme si on
faisoit porter sur les espaules d'vn mal-
faicteur le dicton de son forfait & de sa
condemnation pour vne plus grande
honte. Et pourtant qu'elle raison y a-t'il
de faire mendier de la gloire par vne
chose qui porte en soy la memoire de
nostre honte & confusion. Puis donc
que la simple necessité du vestement des-
couure nostre cheute, qu'elle apparence y a-il que par vn vsage si esclattant aux
yeux d'vn chacun, on aille publier le
deshoneur : Mais quand la crainte &
l'humilité paroistront là auec le souuenir du peché, c'est ce qui le mettra à
couuert & principalement aux femmes,
lesquelles sont cause de tout le desordre.

REGLE IV.

Que l'accoustrement soit dans la chasteté.

MAis par la chasteté, qui est vne vertu si necessaire au Chrestien, que sans icelle nul ne verra Dieu: nous n'entendõs icy autre chose qu'vne pureté expresse directement opposée à toute impudicité & dissolutions iusques aux apparences mesmes afin qu'il n'y ait partie aucune, non plus en l'accoustrement qu'au reste de la conuersation, qui ne soit neté de toute tache de sales desirs conformement à cette regle si generale que l'Apostre donne sur tout l'Estat de nostre vie, quand il veut que les Chrestiens s'adonnent à *toutes choses pures & chastes.* Phip. 4. Qui est autant que s'il disoit de mettre leur Estude & affection à ce qui appartient à la chasteté, laquelle doit auoir son siege tout premierement au cœur, parce que c'est delà que partent toutes les actions de la vie, autrement il n'y auroit pas grande apparence que la pureté se trouuast en nostre accoustrement & ailleurs si la chasteté n'estoit là.

Or la chasteté est dans le cœur, lors que
toute pensée de paillardise en est hors,
non seulement de se soüiller soy-mesme,
mais d'estre en occasion de quelque
soüilleure aux autres. D'autant qu'il s'en
pourra trouuer plusieurs, qui se vante-
ront de n'auoir dans le cœur aucune affection de mal, toutefois elles ne pourront pas dire sans mentir que le desir, ou
de plaire, ou d'estre veuës, ou desirées
n'y soit. Or quand cela est vne fois, le
cœur n'est plus entier, pource que celle-
là ne se peut dire pudique, qui tend à es-
mouuoir les autres. Il faut donc que telles conuoitises soient bannies du cœur,
afin qu'on le dise bien chaste, Et quãd le
cœur sera ainsi biẽ repurgé, tout le reste
s'en ensuiura iusques au vestemẽt, De sorte qu'il n'y aura rien, qui puisse induire
les autres au mal, car celuy qui defend
la paillardise, ne defend pas seulement
les pensées mauuaises, mais aussi toutes
choses, qui en approchent. Que si cela
est pour donner Loy à toutes les parties
de la vie, c'est aussi pour la donner à
l'accoustrement, car l'accoustrement selon qu'il sera ordonné sera tousiours tesmoin d'vn cœur pudique ou impudique

au rapport d'vn certain Philofophe, lequel voyant vn ieune homme tiffé ou veftu trop mignardement, fçeuft bien dire
que c'eftoit tout vn en qu'elle partie de
fon corps paruft fon impudicité, foit en
la face, foit au maintien, foit en l'habit,
d'autant qu'il n'y à rien, qui puiffe ef-
mouuoir pluftoft les cœurs, comme l'accouftrement, s'il n'y eft bien pourueu.
Car c'eft proprement l'obiet de la veuë
& la veuë entre les autres fens eft la plus
fubtile pour cueillir pluftoft la matiere
du mal. Tellement que pour toute raifon il eft bien befoin de garder la mefure
en noftre accouftrement par les Loix de
la chafteté, afin de bannir toutes fes braueries & façons, non moins deshonneftes
que fcandaleufes, Et c'eft icy en quoy
nous deuons déplorer l'Eftat d'aujour-
d'huy, car il ne fe trouuent gueres des
perfonnes principalement entre les femmes, qui auec ce defir d'eftre chaftes,
ayent foin de n'auoir rien en leur Eftat
qui y repugne. En forte qu'il y aura bien
peu de difference entre l'accouftrement
d'vne paillarde & de celle qui veut eftre
en eftime de femme de bien, Encore que
ie veux croire, que toutes celles qui

portent semblable accoustrement , ne le portent pas d'vne pareille affection & semblable intention, Car c'est l'impureté du cœur , qui induit les vnes à se tiffer & vser des façons lasciues pour attirer les regards des hommes & allumer ainsi les desirs d'amour & sales conuoitises, Mais soient qu'elles ayent le cœur plus chaste : toutefois elles vestent sans consideration choses mal sceantes qu'elles voyent aux autres. Or quoy qu'il en soit cette temerité n'est point excusable aux plus chastes qui se parent ainsi, pource qu'il se trouuera tousiours en elles vne affection d'estre belles & jolies, qui est vne faute desia trop esloignée de la pureté, Et ce mal sera non seulement entre les riches , mais aussi entre les mediocres , selon qu'vn chacun Estat (tant toutes choses sont déprauées) à ses inuentions pour se prostituer aux yeux des regardans. Or ce sont occupations indignes des Chrestiens du tout repugnantes à cette pureté, que Dieu nous recommande lors qu'il dit en l'Exode soyez Saincts comme ie suis Sainct. Car elles sont suiuies d'inconueniens si d'angereux, que ie desire qu'vn chacun les

poise auec moy. En premier lieu ie ne
craindray pas de dire que celle qui mar-
che ainsi parée de l'accoustrement des
femmes s'affres & afferées, se met en
danger d'estre soupçonnée par ceux qui
la regardent d'estre telle, que son vestement la publie; c'est à sçauoir qu'elle n'a
point le cœur sain & entier. Mais ie
veux qu'il en soit autrement, toutefois
puisque la femme fait Estat sur toute
chose d'auoir son honneur en estime, ne
craint elle point que son accoustrement,
donne occasion à quelqu'vn d'y penser
mal & reuoquer en doute son integrité?
Il y à plus c'est qu'il aduiendra que ceux
qui la regarderont seront seduits en qnel-
que sorte & induits à pecher. La femme
(à dit quelqu'vn) est vn allechement à
conuoitise & volupté, c'est à dire qu'elle porte quant & soy la matiere de la ten-
tation. Tellement que si on y adiouste
des nouuelles amorces, ce sera de l'huile
au feu & en danger tout euident de faire
brusler les cœurs d'inflammations à
ceux qui la voyent ainsi, Et d'autre part
le Diable qui est plain de ruses & de ma-
lices tasché de faire bresche par les
moyens qu'il trouue en nous, soit par

loüye soit par les à touchemens , mais sur
tout par les yeux prompts à cueillir le
mal & le porter soudain dedans l'ame
pour engendrer des desirs vilains, Dauid
se pourmenant sur le haut de son Palais
vid vne femme toute nuë , qui se l'auoit,
soudain le cœur de ce Roy (si ferme & si
entier auparauant) reçoit vne playe
mortelle par cét obiet , le Diable donc
ne manqua pas de se seruir de l'occasion
pour tendre son piege: En l'histoire de la
Iudit on void cette veufue faisant son en-
treprise , se vestir des robes de soye, soindre d'oignemens odoriferans, se parfumer & orner ses cheueux de pierreries de
prix. Car l'autheur de l'histoire déclare
par expres qu'elle se tiffa en cette sorte
pour attirer les yeux de tous les hommes qui la verroient : bien que le dessein
de cette Dame fut tout autre. Tamar
belle fille de Iuda s'estant desguisée en
habit non seant à vne femme chaste, at-
trapa son beau pere , auec lequel elle
commit vn inceste detestable, Voila dõc
des experiences & des preuues irrepro-
chables en diuers aages. Et ce que nous
disons icy des dangers de la femme à
l'homme , il y à pareille raison de le dire

des dangers de l'homme à la femme. Or
si la femme n'est bien sage à ordonner de
son Estat deuant les yeux des hommes si
ayses à estre seduits, sans mentir elle fournira au Diable les moyens de tout perdre, car se parer ainsi le sein descouuert,
les cheueux frisez à la mode des mondaines, c'est se prostituer. Et ne plus ne
moins que l'on voit l'enseigne à la porte
d'vn Cabaret posée pour y attirer les passions afin d'y venir boire, ainsi telles dissolutions sont autant de bouchons d'impudicité pour attirer les yeux des regardans à se venir soüiller dans ses sales conuoitises. Il est bien vray que le monde
n'estime pas vn mouuement de pensée,
naissant d'vn regard de quelque chose
vaine & lasciue estre peché deuant Dieu.
Mais la sentence en est desia donnée,
puisque Iesus-Christ prononce, que qui
regarde la femme pour la conuoiter, il à
desia commis adultere en son cœur. Que
si l'enormité de la seule conuoitise est
telle, la femme ne doit-elle pas iuger delà : si sa faute sera legere, quand elle en
aura presenté la moindre occasion. Tu
diras il n'auoit que faire de me regarder,
mais pourtant tu estois ainsi parée pour

E iij

estre veuë & regardée, tu t'excuseras encore que naturellement l'homme est en-
clin à conuoitisez, mais puisque tu sça-
uois que la matiere de l'inflammation
estoit là, tu deuois estre sage & n'approcher pas tes dissolutions comme la mé-
che pour y mettre le feu? Tu auras donc
esté trouuée en habit non conuenable, à
cause dequoy le cœur de se iouuenceau
aura esté poingt de quelque mauuais desir & t'aura desirée. En sorte que deuant
Dieu il aura paillardé auec toy & ainsi
tu luy auras presenté le cousteau pour le
perdre & pour estre murtriere de son
ame? N'en voila pas assez pour faire horreur à toutes les femmes Chrestiennes,
Mais voicy vn autre dãger qui se presente encore d'ailleurs, c'est que si par l'accoustrement non assez pudique, la femme peut estre en occasion d'inconueniens aux autres: certes elle n'en sera
pas moins à soy mesme, pource que si
elle donne à connoistre par son vestement qu'elle desire d'estre veuë & desirée: c'est alors que les paillards dont le
monde est tout plein se promettent là
leur gibier, employant toutes ruses pour
emporter son honneur, Si qu'il arriue

bien souuent que celles, qui du commencement n'y pensoient aucun mal, se
trouuent prises pour en auoir presenté
les occasions par les braueries & vanitez
de leurs vestemens. Aur surplus les dangers que ie viens de dire: sont si apparans
que ce seroit assez pour les rendre plus
auisées à conseruer leur chasteté sans appeller icy à nostre secours les Peres de
l'Eglise, S. Cyprian S. Chrysostome, S.
Ambroise, S. Basile, S. Hierosme & autres d'entre lesquels, puis qu'ils parlent
tous, d'vne mesme voix, il suffira d'oüyr
parler Tertullian au traicté des parures
& ornemēs, Qui dit que la vraye chasteté, est celle qui ne desire point de complaire à autruy & qui ne se veut n'y parer n'y farder afin de pouuoir nier en
auoir eu aucun mauuais desir & apres
auoir condamné les femmes infideles,
qui ne se donnoient pas peine de tous ses
inconueniens: il s'adresse en cette sorte
aux fideles; Quant à vous femmes Chrestiennes, vous ne deuez pas leur ressembler n'y en façon d'habits n'y en autres
choses, car vous deuez estre parfaites
comme vostre Pere, qui est au Ciel: Or
le remede à cela, c'est qu'elles soient

F iiij

plus auiſées & prudentes en la diſpoſi-
tion de leur veſtement, Car Ieſus-Chriſt
veut (pluſtoſt que telles occaſions de
peché arriuent) que l'on retranche de
ſoy les choſes les plus cheres, fut ce iuſques à couper ſon bras & arracher ſon
œil dextre, Cela eſtant ainſi aurois-
tu bien tes vanitez plus cheres que ton
honneur, ta propre ame & le ſalut de
ton prochain.

REGLE V.

Que le veſtement ſoit dans la bien ſeance ſelon
les circonſtances & tout premierement
des perſonnes.

OR ce qui nous reſte encore à faire icy : c'eſt d'ordonner de noſtre
Eſtat par les circonſtances, commen-
çant par celle des perſonnes, comme la
principale auec cette precaution, que ce
qui eſt propre à l'vne, ne l'eſt pas à l'autre. Car tel veſtement pourra eſtre ſeant
à vn iouuenceau, qui ne le ſera pas à vn
vieillard. Non pas que cela vienne de la
diuerſité des perſonnes, qui ſont de meſme eſpece, mais de la difference tant du

sexe que de la qualité. En quoy gist le
decorum des Latins, que nos François appellent bien seance, comme estant vne
partie de l'honnesteté que nous reque-
rons au vestement du Chrestien. Quant
au sexe, il faut remarquer que comme
Dieu la fait diuers, aussi il à voulu qu'il
fut distingué par les choses externes,
tellement qu'autre soit l'accoustrement
de la femme & autre celuy de l'homme.
Car la femme, ce dit la Loy de Dieu,
ne portera point l'habit de l'homme, n'y
l'homme celuy de la femme, d'autant
que c'est vne abomination deuant Dieu,
si quelqu'vn fait ses choses. Or ce commandement n'est pas seulement pour
condamner les debordemens vilains,
qu'on voit encore aujourd'huy auec tant
de licence en Caresme-prenant, lors que
la femme ne craint point d'aller en masque desguisée en homme & l'homme pareillement desguisé en femme: mais c'est
aussi pour mettre vne difference expresse
entre l'Estat de l'vn & de l'autre. En sorte que rien ne se trouue en l'accoustrement de l'homme qui ressente celuy de
la femme, n'y aussi en l'accoustrement
de la femme, qui ressente celuy de l'hom-

Au Deute-
rono-
me 22.

Leuitiq.
19.

me. Car auſſi il à pleu à Dieu de créer
l'homme tel, afin qu'il eut la préeminence & authorité ſur la femme, ayant en-
graué pour cette raiſon vne certaine Majeſté en ſa face & mis en ſon cœur vne
hauteſſe de courage beaucoup plus grande : Or il faut que l'accouſtrement ſoit
accommodé à cela de peur de perdre vne
relle excellence. Qui fait que l'Apoſtre
dit en la ſeconde aux Corinthiens que
l'homme à la liberté de prier en publiq
la teſte deſcouuerte pour le degré qu'il
tient à l'oppoſite de la femme, laquelle doit eſtre couuerte en ſigne de ſub-
jection. Et pour cela ſont à condamner aucunement ceux qui ſe plaiſent en
mignardiſes & delicateſſes, qui n'ont autre eſtude que de ſe faire beaux & gen-
tils, qui ſe friſent, nourriſſent vne longue perruque, la colorent & la retor-
dent. En ſomme qui ſe fardent, ſe par-
fument & ſe goldronnent auec tant de
peine que c'eſt vne honte de les voir
toujiours auec le miroir à la main, Auſſi
c'eſt bien de telles corruptions que tant
de gens de bien ſe ſont plains de tout
temps. Que ſi elles pouuoient eſtre honneſtes & licites en quelque ſorte, ce

seroit aux femmes, & non aux hommes;
Et de vray on n'auroit non plus de raison
de blasmer celuy, qui se trouueroit là
auec la quenoüille au costé parmy les
femmes, que celuy qui par telles mignardises & bassesse de courage, pren-
droit l'Estat & les façons d'vne femme,
Car cela est repugnant à la nature, c'est
auillir son excellence & la degrader de
la dignité en laquelle Dieu à creé l'homme & consequemment contre l'honnesteté; Que si on recherchoit les causes
de telles dissolutions, l'on descouuriroit
qu'elles ne procedent que d'vn cœur
lasche & esclaue de la volupté. Or se
desnaturer ainsi & changer de sexe, c'est
vne abomination deuant Dieu selon la
Loy. Car il y à pareil danger d'esmou-
uoir les cœurs à conuoitises tant de la
part de l'homme à la femme, que de la
femme à l'homme, s'ils s'habillent tous
deux en estat mal conuenable, Ce qui
soit dit pour la difference du sexe. Car
quant à la qualité, il y à aussi distinction,
car les vns sont Princes, les autres sujets,
les vns nobles, les autres roturiers, les
vns riches, les autres pauures les vns
vieux & les autres ieunes. Et cette

diuersité n'est point entre nous , que par
la prouidence de Dieu, lequel par vne
telle difference gouuerne & maintient la
societé entreles hommes selon sasagesse:
ne plus ne moins qu'il entretient en vne
harmonie & accord admirable tout cet
vniuers par la composition des elemens,
& qualitez si contraires : Et pourtant,
comme on ne pût corrompre cet ordre
qu'on ne repugne à Dieu & qu'il ne s'en
ensuiue de la confusion : pareillement,
ce seroit faillir grandement de vouloir
oster les moyens d'vne telle distinction,
entre lesquels l'accoustrement à tous-
jours esté compté. Car iamais ne fut
qu'entre les plus barbares le Prince n'ait
esté reconnu par telles marques , mesmes qu'aux republiques bien ordonnées,
il y à eu volontiers vne police en cela.
Comme en l'ancienne Rome, l'Estat &
l'accoustrement des Consuls estoit autre
que celuy des Senateurs, celuy des Senateurs autre que celuy des Cheualiers &
celuy des Cheualiers autre que celuy du
peuple. Et afin que personne ne sortit de
son rang , il y auoit des Loix establies &
des Magistrats pour y auoir esgard. Certes telles polices sont procedées d'vne

prudence que Dieu à mise aux cœurs
des hommes & d'vn amour naturel de
l'ordre requis à la conseruation de la societé. Que si on veut regarder les Histoires sacrées, il se verra que les Estats
auoient cette distinction entre le peuple
de Dieu. L'Estat de Dauid estoit autre
quand il fut Roy, que quand il estoit Ber-
ger. Et afin que ie ne marreste d'auantage à parler de l'Estat des Roys, il se trouuera que les rangs des simples Magistrats
estoient distinguez ainsi. Car quãd Esaye *Chap.*
escrit que Eliachim sera fait Chancelier, *22.*
il en d'escrit quant & quant les moyens, *Genes.*
lors qu'il dit que Soboa qui en exerçoit *42.*
la charge, seroit despouillé de ses robes
& que d'icelles Eliachim en seroit reuestu. Pharaon pareillement voulant esle-
uer Ioseph en vne grande dignité, luy
donna l'accoustrement conuenable: Autant en fit Assuerus a Mardochée pour *Ester 8.*
les distinguer d'auec le peuple. Et ses
seruiteurs de Dieu n'estimerent iamais
que ce changement fut contraire à leur
pieté. Tellement que nous concluons
que pour garder la bien-seance aux accoustremens, vn chacun doit considerer
sa qualité, & que la police que nous

auons en ce Royaume est bien fondée,
pourueu qu'vn chacun garde son rang.
Car si le Marchand, où le Laboureur,
ou quelque autre des sujets du Roy veut
porter l'ornement du Prince, on le doit
reprimer. Mais si quelqu'vn debat que
l'accoustrement du Prince ne doit pas
estre plus magnifique que celuy d'vn
Vacher ou d'vn simple Marchand : c'est
vn seditieux, qui voulant mettre tout en
confusion & desordre, doit estre chastié.
Il faut donc que la distinction soit gardée, mais rousiours auec moderation.
Car cela n'est pas pour l'ascher la bride
aux excez & superfluitez des Princes, des
nobles & des riches, mais c'est qu'en
chaque Estat il y à mesuré parmy cette
difference, par laquelle les abus & les
excez doiuent estre corrigez. Car les
bornes qui ont esté desia mises par les
regles precedentes sont generales &
communes à tous. Mesme les Princes &
les Magistrats doiuent penser que c'est
à eux de faire des Loix & d'y tenir la
main pour empescher les despences &
les excez. Et que leurs Loix auront force & authorité quand eux-mesmes s'y
seront assujetis & se donneront pour

exemple de sobrieté & modestie à leurs
sujets à l'imitation du Roy Zelducus, lequel ayant fait vne Loy que les adulteres
auroiët les deux yeux creuez, s'en mõstra
si exacte obseruateur, que quoy que son
fils y eut esté surpris, Ce neantmoins le
Roy se surmõta d'vne telle sorte qu'il ai-
ma mieux auoir vn œil creué, & sõ fils vn
autre que si la Loy estoit violée, ores que
tout le peuple en eut demandé la grace.
Or pource qu'il est mal-aisé qu'on ne
s'oublie quelquefois en cette grandeur
& que l'orgueil ne fasse ses triomphes en
telles magnificcées, certes les Princes se
doiuent representer ce qui est arriué autrefois aux autres, quand ils ont fait seruir les pompes à leur ambition, Herodes Actes
paroist en publiq auec vn habit sompt- 12.
teux pour haranger son peuple, cet habit Royal, possible que de soy, n'eust pas
esté à blasmer : s'il ne se fut oublié d'en
donner la gloire à Dieu. Car à l'instant
Dieu le frappa : tellement qu'au lieu des
robes d'or il se void couuert de vermine
& de poux, qui le mangerent. Il se trouuera dans les Histoires des cas semblables, qui nous y sont proposez, afin que
ceux qui ont droit selon leur Estat d'vser

d'vne magnificence plus grande que les
autres en vſent prudemment & auec
moderation, de peur que cette grandeur
ne ſe termine à leur honte.

REGLE VI.

Que le veſtement ſoit dans la bien-ſeance
à cauſe des circonſtances des temps.

POur garder l'ordre, il faut venir
maintenant à la circonſtance des
temps. Car tel accouſtrement pourra
eſtre permis en vne ſaiſon, qui ne le ſera
pas en l'autre. Et les Peres ſous la Loy
nous ont appris cette diſtinction, quand
au temps du courroux de Dieu, ils deſ-
poüillerent tout ornement pour veſtir le
ſac & la cendre. Il eſt vray qu'aujour-
d'huy nous ne ſommes plus aſtraints à
ces façons, toutefois c'eſt vn exemple
d'vſer du temps & en telles occurrences
teſmoigner par tous moyens ſon humilité & repentance de nos pechez enuers
Dieu. Tellement que ſi la modeſtie doit,
en quelque façon que ce ſoit, mettre
toutes pompes & ſuperfluitez arriere des
Chreſtiens, cela ſe doit faire encore
plus

plus aujourd'huy qu'il semble que Dieu
soit courroucé contre ce Royaume:
Mais cette circonstance des temps regarde principalement la diuersité des
aages. Car pour bien garder la bien-
seance la ieunesse aura son Estat; l'aage
plus mur le sien & la vieillesse vn autre,
qui est vn ordre & honnesteté laquelle
à tousiours esté obseruée en toutes bonnes polices principalement entre les
Romains. Car comme les ieunes sont encore en aage d'obeyr, d'estre humbles &
de faire la reuerence, les plus vieux aussi
sont en aage de commander & de receuoir de l'honneur & de fait il est bien
raisonnable que les vns & les autres
soient reconnus à quelques marques.
Quand vn ieune homme aura l'habit
d'vn vieillard, ou que le vieillard aura
l'habit d'vn ieune homme, ce sera vne
indecence bien grande & digne de
mocquerie. Le changement donc de
l'aage apporte changement des façons
& d'en vser ainsi c'est vivre conuenablement selon la nature. Quant aux vieillards Tertulian s'estonne de ce que
l'aage qui volontiers refroidit les passions de la ieunesse aux vieillards n'a-

Au trai-
cté des
parures
& or-
nemens.

G

uoit encores pû a' batre les vanitez &
curiositez des pompes en eux , D'autant
qu'on les voyoit encore rassoter apres les
mondanitez & s'efforcer par les artifices de telles dissolutions de reschauffer
le froid de leur aage, qui deuoit auoir
amorty leurs conuoitises. Telles corruptions sont bien en vogue encore aujourd'huy : car il s'en trouuera qui vsent
de fards pour recouurir leurs rides &
qui vestiroient les habits des plus ieunes
pour paroistre plus gais & jolis. Or ce
sont actions des personnes qui raffolent
& qui ont perdu le sens & la honte. Certes les boüillons & legeretez de la vieillesse sont quelquefois cause que les ieu-
nes-gens ne tiennent pas telle mesure en
leurs habits qu'il seroit à desirer , Mais
aux personnes anciennes . il n'y à rien
qui les puisse excuser d'y faire faute,
pour ce qu'ils doiuent estre paruenus au
port d'atrempance & d'auoir cét aduantage par l'aage d'estre plus froids. Que
s'ils voyent desia la fosse & le bout de
leur course , c'est pour donner congé au
monde , & auoir ransporté leurs affections aux lieux celestes qu'ils touchent
desia de si pres. Vouloir faire encore les

ieunes tant par l'accoustrement que par
d'autres façons, c'est resister à la nature,
à laquelle il se faut accommoder quand
on ne voudroit pas. Or cette bien-seance en ce regard ne conuient pas moins
aux femmes qu'aux hommes , car aussi
le mesme Apostre parlant aux femmes
anciennes , leur recommande cecy qu'elles soient en habit conuenable à saincteté, Non pas que tel habit n'appartienne
aux ieunes ; mais si les ieunes en cecy se
donnent quelque licence ; au moins que
les vieilles soient plus sages & seruent
aux autres d'exemple de toute honnesteté. Cette regle à l'esgard du temps
s'estend aussi aux veufues, car si para-
uant leur vefuage elles auoient quelque
excuse de s'habiller plus gayement , certes apres le temps que Dieu leur a osté
leur Espoux, leur support & leur honneur elles doiuent changer & prendre
l'habit d'humilité. Cependant on apper-
coit icy de grandes fautes en plusieurs,
qui font des despences en vanitez &
qui se font voir braues & mondaines
plus que iamais. De sorte qu'il semble
que Dieu leur oste les Maris comme vne
bride pour s'eschapper apres en toute

G ij

licence & diſſolution : Elles pleurent quelquefois , mais tout leur Eſtat fait connoiſtre que ce ne ſont que larmes d'hypocriſie. Or nous ſçauons ce que S. Paul en dit que telles veufues ainſi gaillardes qui penſent viure auec leurs ſomptuoſitez & delices, ſont mortes deuant Dieu, n'ayant plus rien de cette vie ſpirituelle, laquelle doit eſtre en tous les Chreſtiens ; Mais les bien ſages qui ſont veritablement humiliées deuant Dieu, par l'affliction & qui pleurent de cœur leur perte, ne tomberont point en tous ces inconueniens là , ains elles ordonneront de leur accouſtrement auec conſeil & diſcretion. Ce qui doit eſtre non tant par vn changement de matieres & façons en leurs habits que par vne ſimplicité plus eſtroite, qu'elle n'eſtoit auparauant. Car c'eſt vne pure mocquerie de laiſſer la robbe de mariage pour prendre le Creſpe, quand ſous le Creſpe , les coiffes , les guinples & autres choſes ſemblables qui ne reſſentent que les vanitez y paroiſſent autant qu'auparauant. Ce changement à dire vray , doit eſtre en la modeſtie ou au retranchement de toutes ſuperfluitez , ſans qu'on ſe deſ-

1.Thi,
5.

guise par des nouuelles façons. Que cela
soit dit des femmes veufues & vieilles-
gens, afin qu'ils seruent d'exemple pour
s'accommoder au temps & pour n'auoir
rien de mal-seant & deshonneste en
leur vestement.

REGLE VII.

*Que le vestement soit dans la bien-seance
à cause de la circonstance des lieux.*

OR la derniere regle qui nous reste
à considerer icy, c'est la circonstance des lieux, où il se trouue beaucoup des diuersitez, ausquelles il est
bien-seant de s'accommoder tant que
faire se peut, c'est à dire si l'honnesteté naturelle, la modestie, la chasteté
& autres vertus generales n'y repugnent. Et sur tout de prendre garde à ce
que les Loix du pays commandent ou
defendent, afin de s'y conformer. Car
il y à fort peu d'Estats où ne se trouuent
des ordonnances faites touchant les habits, comme en nostre France nous en
auons de telles que tous desordres cesse-
roient, si on s'adonnoient à les bien ob-

G iij

seruer. Or ceux qui sont bien instruits
par la parole de Dieu d'obeyr aux Magistrats & de garder l'ordre, le doiuent
faire en cecy, quoy que telles ordonnances soient sur-années du iour au lendemain par vn vilain mespris. Si est-ce
pourtant que c'est vn grand interest des
republiques & polices, querien ne soit
changé à l'appetit des particuliers. Car
quand telles Loix se font, on a esgard aux
Estats & aux qualitez des personnes, aux
fins qu'elles ne soient point confonduës,
que les familles ne soient point espuisée
par despences iniustes & consequemment que le general ne soit point affoi-
bly, la dignité de la nation ne soit point
offencée par vanitez estrangeres & la
force abastardie par mignardises & façons effeminées : Ce qui aduient bien
souuent quand les ordonnances sont en
mespris comme nostre France l'experimente tous les iours en cette Ville de
Paris, ne retenant quasi plus rien de
cette premiere generosité & Majesté de
ses Ancestres, pour auoir mesprisé auec
vn tel abandon ses Loix & receu chez
soy les dissolutions de ses voisins. Or
c'est le deuoir des Magistrats d'y donner

ordre & d'y tenir la main à l'estroite ob-
seruation de leurs ordonnances & aux
autres d'obeyr en telle sorte (mesme
pour la conscience selon l'Apostre) qu'il
n'y ait rien en tout leur accoustrement
que bien conuenable à ce qui sera ordonné.

REGLE VIII.

Contenant l'exemple sur lequel les femmes
Chrestiennes doiuent prendre la practi-
que des Regles proposees.

OR S. Pierre, afin que rien ne des-
faillit à la practique des Regles,
qu'il propose de l'honnesteté des accoustremens , y adiouste l'exemple, comme
aussi il n'y à rien qui serue d'auantage
pour la clarté des Regles que l'on enseigne en quelque chose que ce soit que
d'en donner le patron deuant les yeux,
Et sur tout en cette matiere des vestemens qu'vn chacun regarde ç'a & là
pour prendre le dessein de son accoustrement sur les autres & d'auoir raison de dire les autres s'accoustrent ainsi
quand on y trouueroit à dire: Mais S.

Pierre ne dit pas seulement, qu'il faut
prendre l'exemple sur les personnes de
vertu, de peur que cela ne fut dit trop
generalement à des gens qui se laissent
aller aisément apres le monde sans choisir le vray patron de vertu ; mais il nomme l'exemple qui nous doit suffire pour
tout. Car ayant declaré ce qui doit estre
aux accoustremens des femmes honnestes, sçauoir est la crainte, la chasteté, la
modestie & en suite ce qui n'y est pas
bien conuenable, comme l'or les tortillemens des cheueux & les pompes, il ad-
jouste, Car aussi iadis les femmes Sainctes esperantes en Dieu s'ornoient ainsi,
estant sujetes à leurs maris. Voila le patron qu'il qualifie de tant d'excellences
que les femmes n'auront iamais de raison de s'adresser ailleurs. Car tout premierement il les qualifie fideles ayant
vne droite connoissance de Dieu, non
point mondaines, prophanes & aueuglées des desirs de ce siecle. De plus que
c'estoient femmes qui rendoient tous
bons deuoirs à leurs maris, non débau-
chées, non dissoluës. En somme il les
nous propose auec toutes les vertus &
honneurs de femmes de bien. Et enco-

res entre celles-là, il nomme Sara femme d'Abraham, non point femme de basse condition afin, que les Dames & Damoiselles d'aujourd'huy ne pensent pas que l'exemple ne soit pour des personnes de leur sorte, mais de femme de la plus noble maison qui fut iamais au monde, Et de laquelle tant des Roys sont yssus & ce qui est de plus la Mere des croyans, celle qui recueille aujourd'huy les femmes fideles en l'alience de Dieu comme en son sein. Que pourroit-on desirer d'auantage. Ce n'est donc sans raison si S. Pierre veut qu'on suiue ce patron & non autre pour bien ordonner de ses accoustremens, comme vn patron qui ne pût estre à plus grand honneur aux femmes Chrestiennes. Or s'en vouloir départir pour prendre vn Estat contraire, ce seroit quitter le rang & la suite des fideles de Dieu pour suiure le monde. Chose qui ne se trouuera iamais conuenable à nostre profession. Nous auons donc icy dequoy prendre vn bon conseil, c'est à sçauoir des regles, qui nous sont proposées par la parole de Dieu & encores verifiées en vn patron le plus rare & le plus excellent qu'on

pourroit dire ; si tant est que nous ne
desirions auoir rien en nostre accoustrement qui ne soit conuenable. Car ces
regles seront autant des remedes certains & asseurez à toutes ses passions, qui
engendrent les desordres. Il est vray
que le combat est contre le monde, contre nos conuoitises & contre toutes occasions de mal : Mais suiuons ce conseil
& afin que i'euse des mots de Tertullian,
prenons pour armes cét accoustrement
de vergogne, vestons la crainte & l'humilité, enueloppons nous tout à l'en-
tourde ce rempart de chasteté, & nous
aurons deliuré nos accoustremens de
tous vices.

Fin de la seconde partie.

TROISIESME PARTIE
DE CE TRAICTE'
CONTENANT L'AP-PLICATION PLVS SPE-ciale des susdites Regles, tant aux vestemens d'aujourd'huy qu'aux fa-çons pour y connoistre les vices.

TITRE PREMIER.

De l'application plus speciale pour connoistre tout premierement les vices aux matieres & estoffes.

CErtes il me semble que la declara-tion que nous venons de faire cy-deuant pourroit suffire pour donner re-glement à tout l'Estat de nos personnes, N'estoit l'importunité de plusieurs, qui ne peuuent souffrir que les regles soient ainsi deduites simplement : si nous ne les appliquons à leurs accoustremens : & leur monstrons au doigt plus particulie-rement ce que nous estimons y deuoir

estre reformé. Nous tascherons donc à
leur satisfaire en cét endroit, sans toutefois nous esloigner des passages de nos
deux Apostres, que nous prenons pour
guide en toute la poursuite de cette matiere. Car apres les regles generales, ils
ont aussi vsé de cette application pour
retrancher de l'accoustrement les tresses, l'or, les perles & les pompes, nous
donnans exemple de proceder ainsi en
ce traicté pour enseigner auec profit.
Or les questions qu'on fait coustumierement icy, sont ou des matieres, ou des
façons, pource qu'on demande de qu'elles matieres, ou couleurs il est permis de
se vestir pour ne rien faire, qui ne soit
conuenable & puis qu'elles façons sont
les plus seantes & accordantes auec les
regles de l'honnesteté. Quant à la matiere & à l'estoffe ie pense en auoir suffisamment parlé en la premiere question
de ce traicté, pour resoudre les consciences de la pleine & entiere liberté qu'elles ont en toutes les creatures de Dieu:
Mais nous auons aussi adiousté que cette
liberté doit auoir ses regles afin de garder la mesure & moderation, nous souue-
nant tousiours de cette sentence *tout m'est*

1. Cor.
10.

loiſible, mais tout n'eſt pas expedient. Puis
que tout n'eſt pas expedient il faut regarder ce qui l'eſt & à qu'elles perſonnes , quand & comment. En quoy la
prudence eſt grandement requiſe ; Car
c'eſt l'endroit ou vn chacun doit mettre
deuant ſoy les regles que nous auons
propoſées afin de faire iugement de ce
qui luy ſera expedient. Autrement on
fera faute auſſi-toſt en du bureau & en
du gris qu'en la ſoye & en l'or, ou en
quelque couleur plus riche , ſi l'on n'y
prend garde. Car ce n'eſt pas la matiere, qui fait le vice, mais l'vſage de la
choſe, qui n'eſt pas expedient, & cela
n'eſt pas expedient qui ne l'eſt pas ſelon les regles. Tu demandes donc (par
exemple) s'il t'eſt licite de porter du veloux ou de la ſoye, A cela ie reſpons premierement que tu dois regarder qui tu
es. Car ſi tu es pauure, tu ne peus te veſtir de ces matieres ſi cheres que tu ne
te faſſes dommage, ou bien ie veux que
tu ayes des moyens, toutefois tu es de
baſſe qualité viuant dans vn pays , où
les Loix defendent aux roturiers & gens
de ta ſorte d'vſer de la ſoye. Et par là tu
peus cognoiſtre que ce ſeroit exceder, ſi

tu en vsois. Mais prenons le cas que tu
sois noble & de la qualité de ceux ausquels il est permis d'en vser, Ce n'est
point encore assez. Sonde ton cœur &
sans te flatter examine d'où te vient ce
desir d'estre vestu de soye, veu que ny la
necessité ny la bien-seance de ta qualité ne t'y oblige point, puis mesme que
tu peux faire paroistre par d'autres
moyens que tu es noble. Que si cela te
viens d'vne enuie & d'vn desir de parois-
stre entre les autres plus somptueux, voila desia de l'orgueil, qui est vne tasche
tres laide sur ton veloux pour le rendre
abominable deuant Dieu. Passons outre
& accordons que ce desir d'vser du veloux ou de la soye ne vienne aucunement de l'orgueil & que ton cœur ne
soit point en peril d'en receuoir du dommage, Neantmoins s'il y à apparence
qu'on doiue prendre en mauuaise part
de te voir ainsi braue, il te doit souuenir
de la leçon des Chrestiens qu'est de se
garder non seulement du mal, mais de
toute apparence de mal. Tu dois outre
cela bien auiser si cette somptuosité plus
grande conuient bien à la profession que
tu fais de n'aimer point le monde &

d'auoir renoncé à ses pompes & conuoitises ? Ce n'est pas tout pour ce qu'il
y à danger que par tes braueries tu ne
fasses venir l'enuie aux autres de faire
de semblables despences pour n'estre
moins braues que toy. A cause dequoy
tu te dois plustost priuer de ta liberté
que d'estre en dommage à aucun. Mais
ie veux qu'il n'y ait aucun danger, toutefois tel temps pourra arriuer qu'il sera
plus conuenable de vestir le sac & la hai-
re que les pompes & le veloux. Là donc
(si oubliant le dueil commun) tu te
monstres plus braue : certes ie ne voy
point comment ton veloux pourra estre
excusé deuant Dieu. Or soit que la qualité, ny le lieu, ny le temps, ny le danger, ny mauuais exemple te puisse empescher ; Neantmoins il reste encore vn
poinct auquel il est necessaire que tu re-
gardes, si la despence que tu fais pour te
vestir de soye, ne seroit point mieux employé ailleurs, comme à la subuention
des pauures ou à la contribution de quelque necessité commune : Car si cependant que tu achepte le veloux bien cherement (te pouuant passer à moins) tu
viens à défaillir à telles necessitez, ton

veloux te sera en condemnation deuant
Dieu. Et voila les regles par lesquelles
vn chacun pourra sans se flatter iuger de
ce qui luy sera expedient. Que si cela est
au veloux & à la soye, il le faut encore
obseruer beaucoup plus estroitement en
l'vsage de l'or, de l'argent, des perles,
pierreries & choses semblables. Car la
soye est vne matiere encore propre à se
couurir & aider aux necessitez de la nature : Mais ces autres matieres là ne
peuuent seruir qu'à vne magnificence
plus grande plus permise aux grands du
monde qu'aux autres. Tellement que
comme il est plus aisé de s'en passer, aussi
est il plus aisé de s'en desister où il y auroit tant soit peu d'apparence d'y faire
faute : Et c'est ainsi que nous deuons
prendre les causes pour lesquelles nos
deux Apostres exhortent les femmes
d'esloigner telles matieres de leur accoustrement. Car comme il a esté desia
dit, ce ne sont point choses qui soient
moins en nostre puissance que les autres creatures de Dieu ; Mais il est mal-
aisé d'en vser & de garder tout ensemble
les regles de l'Estat honneste, qui ont
esté proposées, pource que telles somptuositez

ptuositez (qui sont coustumierement
les fruits & paremens des cœurs vains &
ambitieux) ne s'accordent guere bien
auec la simplicité, l'humilité, la modestie, la vergogne, la crainte & autres
vertus, qui doiuent necessairement paroistre en tout l'Estat des Chrestiens; Et
voila pour les matieres.

TITRE II.

De l'application plus speciale des Regles
susdites pour connoistre les vices aux
façons des habits.

SAns mentir puis qu'il est question
de parler des façons, il est plus aisé
de dire celles, qui ne son point conuenables que d'en prescrire d'autres. Car
les façons sont aussi en la liberté des
Chrestiens pour en vser selon les circonstances. Il y à seulement à se prendre
garde que cette liberté ne soit en occasion à la curiosité, à la vanité, à l'orgueil
& impudicité d'y faire faute; Car c'est
l'endroit principalement où ces affections vicieuses monstrent leur force à
inuenter mille façons à leur auantage,

H

si on ne prend garde à les tenir de court
dedans les bornes, que nous auons pre-
scriptes. Premierement vn chacun doit
considerer le Pays où il est, puis son Estat
& sa qualité afin de ne s'esloigner de ce
qui est en coustume, si non qu'il y eust
de la corruption manifeste, ce qui arriue
bien souuent, ou que les façons accoustumées fussent notoirement repugnantes à l'honnesteté ; Car en tel cas la raison veut qu'on corrige le vice (si prudemment toutefois) qu'on ne soit blas-
mé d'apporter des nouueautez en vn
Estat sans cause. Et pource que toutes
façons n'ont pas vne mesme fin & vsage,
on doit aussi discerner ce que la nature,
la necessité & l'honnesteté demandent
d'auec le reste, qui ne leur peut seruir
en rien. Car il y à des façons où il n'y à
rien que curiosité, sans aucune commodité, d'autres qui ne seruent qu'à l'orgueil & d'autres à l'impudicité, comme
il se void par exemple en L'inuentaire
que Esaïe fait des hardes & besognes des
femmes de son temps. Or c'est bien le
deuoir du Chrestien de craindre tous-
jours d'auoir chose sur son vestement
qui approche du vice. Et telle a esté

l'intention de nos deux Apoſtres. Bien
eſt vray qu'ils ne declarent pas par le
menu tout ce, qui eſt à eſuiter icy; Mais
pourtant ils en nomment des eſpeces
pour exemple du reſte. Les treſſes &
tortillemens des cheueux, leſquels ils
condamnent ſont des exemples de tous
artifices & façons foles, que l'eſprit du
monde vain, l'orgueil & le deſir de
plaire ont inuenté de tout temps. Les
ſomptuoſitez en habits comprenent auſſi
les façons braues, les parades & enri-
chiſſemens, qui ſont fruits ordinairement de l'ambition. Toutes ces façons
n'accommodent en rien les hommes;
Car il n'y à rien de toutes les vertus, que
nous auons nommées cy-deſſus & par
conſequent l'honneſteté n'y peut eſtre.
S'enſuit donc qu'elles ne peuuent eſtre
conuenables aux Chreſtiens; Mais i'eſ-
clairciray cela d'auantage en declarant
plus ouuertement les fautes qu'on fait
aujourd'huy en cét endroit, quoy que
non pas toutes; mais autant qu'il ſuffira
pour connoiſtre le vice en choſes ſemblables.

TITRE III.

Des desguisemens & façons estranges con-
traires à la nature, comme sont fausses
perruques fards & choses
semblables.

MAis quoy qu'il ne soit pas au pouuoir de l'homme de changer au
vray vn de ses cheueux, non plus que
d'adiouster à sa stature vne coudée de
hauteur comme dit l'Escriture, toutefois
les mondains ne s'efforcent pas moins
de ce faire tant par desguisemens de
fausses perruques & fards, que de mille
autres inuentions qu'ils employent tous
les iours pour contrefaire la forme exterieure, qu'vn chacun à receuë de Dieu.
Toutes lesquelles choses sont autant de
vices, qui se commettent en l'Estat de
la personne & par consequent condemnables pour plusieurs raisons. Car tout
premierement elles repugnent tant à la
nature qu'à Dieu, lequel donne à vn
chacun son estre & sa forme selon qu'il
luy plaist. C'est donc bien la raison, que
nous respections la main d'vn si sage Ou-

urier , par laquelle il fait toutes chofes
& que nous nous contentions de ce que
de fa pure grace & bonté, il nous à fait
hommes à fon Image & femblance. I'a-
çoit qu'il fut en fon pouuoir de nous faire beftes ou de nous laiffer dans le neant.
Que fi nous ne prenons à gré ce qu'il a
fait en nos perfonnes par deffus toutes
autres creatures, certes nous ne pour-
rons iamais nous excufer d'ingratitude.
Et d'autrepart de vouloir entreprendre
de changer rien en fon ouurage pour
penfer mieux faire par nos artifices qu'il
n'a fait, c'eft l'accufer d'eftre vn mauuais Ouurier, veu qu'il à befoin de la
main de l'hmme pour amander fa befon-
gne. Qui eft luy faire encore vne iniure
toute manifefte & vn deshonneur, que
les moindres peintres des Villages ne
pourroient pas fouffrir; fi quelqu'vn s'in-
geroit de reformer leurs tableaux par
nouueaux traits & ombrages. Et de plus
s'il arriue que cette forme exterieure;
qui eft l'ouurage de Dieu vienne à eftre
changée par de nouueaux cheueux, nouueaux traits & nouuelles couleurs ; il
s'enfuiura que ce ne fera plus l'ouurage
de Dieu , par ce que fes marques n'y

H iij

seront plus empreintes. Que si Alexandre le Grand defendit à tous les peintres
de son Estat, sauf à vn Appellez de le
portraire, crainte d'y faire faute; & toy
mortel oseras-tu bien prendre le pinceau
pour toucher à l'ouurage de Dieu? Veu
que ce grand ouurier à mis vn tel ordre
en toutes choses pour rendre sa gloire
plus apparente, qu'à cet effet il à voulu
qu'entre les hommes mesme il y eut cette diuersité que les vns fussent blancs,
les autres noires, les vns basanez, les autres blondes & autrement ainsi qu'il se
void parmy les nations. Tellement que
vouloir changer le teint noir (par exemple) pour prendre vne autre forme, c'est
vouloir faire Dieu menteur, qui dit que
l'homme ne pût faire vn de ses cheueux
Mat. 5. blanc ou noir. Que s'il y à de l'imperfection en la forme d'aucuns, comme il y
en à quelquefois à cause du peché, afin
que l'ire de Dieu apparoisse par cette deformité, ce n'est pas à toy de l'amender,
ains à l'Ouurier & le fera vn iour au re-
nouuellement de toutes choses. Lors
qu'en nous despoüillant de toutes infir-
mitez, il rendra à vn chacun la vraye perfection & excellence tant de l'ame que

du corps. Et quand bien il n'y auroit
point là telle perfection, qui seroit à desirer, qui sommes nous pour vouloir entreprendre de l'y mettre? puisque tous
les Peintres & les plus habiles Sculpteurs
de l'Vniuers ne sçauroient iamais approcher n'y du naif n'y du naturel de l'homme? Or que cela soit dit sans blesser
l'honneur du Medecin, que Dieu à ordonné pour le secours humain, lequel
quand il tasche de reparer les deformitez
que la nature, ou la maladie & autres accidens laissent sur la face, il ne fait rien
contre cette doctrine, parce que l'art ay-
de à la nature, mais les fards la destrui-
sent. Mais voicy encore vn autre mal
qui prouient de peindre ton visage &
marquer ton chef de perruques, c'est
que tu déceuras les yeux d'vn chacun par
l'apparence d'vne chose qui n'est pas,
Mais qu'on excuse cela tãt qu'on voudra
si est-ce que c'est tousiours mentir, c'est
vser de tromperie & dissimulation. Bref
c'est ce qu'on appelle proprement hypocrisie & se contrefaire : Et de vray cela
fut dit au commencement des Bateleux,
qui se contrefaisoient barboüillans leurs
visages. Toutes lesquelles choses ne

H iiij

peuuent estre bien-seantes aux Chrestiens, ausquels toute menterie est de-
fenduë. Et voicy l'inconuenient , c'est
que volontiers on presume de celuy qui
trompe ainsi ouuertement qu'il fait encore pis en secret, C'est pourquoy les
Payens qui se seruoient pour leurs plaisirs des Farceurs & Ioueurs des Come-
dies , ne vouloient pas que leurs tesmoi-
gnages eussent aucune valeur en Iugement, tenans leur foy pour suspecte, parce qu'ils se desguisoient auant que de
monter sur leschaffaut. Que s'il faut appeller icy la conscience de ceux & celles
qui se contrefont ainsi, il se trouuera
que ce n'est qu'vn desir d'estre veuës &
d'estre estimées plus belles & d'estre
plus agreables aux yeux de ceux qui les
regardent. Et c'est principalement aux
vieilles-gens que ce vice se trouue. Car
ils se faschent de ce qu'on voit leur chef
blanchir, les rides & le teint plus terrestre de leur visage, c'est à dire l'honneur
de leurs ans & le tesmoignage de la faueur de Dieu. Or ce mescontentement
ne se trouuera iamais sans vice, parce
que les fausses perruques & les farde-
mens ne sont à plusieurs qu'autant des

eriteaux sur leur front pour publier à
tout le monde la folie la vanité & les
vices de leur cœur. Que si nous venons
encore à la recherche des matieres, dont
ses Perruques sont composées, nous
trouuerons que volontiers ce sont des
cheueux, que l'on tire des personnes
mortes, ou si on les tire des personnes
viuantes, ce seront de quelques foles,
qui font trafic de leur chef, pour le moins
vne femme bien sage, n'ira iamais mettre
sa cheueleure en vante, sçachant bien
que Dieu la luy à donnée pour honneur.
Ie n'ose dire que la perruque sera quelquefois la toison de quelque i'ouuen-
ceau, qui aura nourry ses cheueux quelques mois, pour reuestir de sa honte le
deshonneur d'autruy: à la mode des
Payens idolatres, dont leurs ieunes-gar-
çons laissoient venir leurs Perruques
pour puis apres en faire vn present à Venus, la Deesse du vilain amour: Doncq-
ques les Perruques qu'on achepte tant
cherement, seront quelquefois la partie
d'vne charogne morte ou la honte d'vne
personne infame, En somme vne composition des poils vilains qu'vn autre ne
pourroit souffrir sur sa robe ou sur sa

1. Co-
rint. 11.

table. Vous me pardonnerez bien mes
filles, si ie n'en parle pas autrement que
les anciens Docteurs de l'Eglise. Si la
femme, dit Tertulien, n'a honte de la
faute qu'elle commet en ce faisant,
pour le moins qu'elle ait honte de l'ordure qui y est, afin de ne mettre sur son
chef Sainct & Chrestien les despoüilles
de quelque teste, qui aura esté à quelque vilain ou, meschant ou à quelque
pendart condamné à mort. Quant aux
fards, c'est honte de penser seulement
aux choses, desquelles ils sont souuent
composez, comme vous diriez, huiles,
graisses, teintures, ceruses & matieres
semblables, non seulement vilaines à
voir & à sentir, mais venins & quelquefois corrosifs causant des grands dommages à la sante. Ne voila pas des personnes bien aueuglées de passion d'achepter
telles matieres, qu'on ne voudroit n'y
toucher n'y sentir, ains on s'enfuiroit de
deuant (le nez bouché) comme des
puanteurs & ordures. Or recõnoissons en
cela vn Iugement de Dieu sur celles, qui
aiment mieux obeyr à leurs desirs aueu-
glez, que de se contenter de ce qu'elles
ont de luy. Car tant s'en faut qu'elles

obtiennent par telles voyes cette beauté pretenduë, que c'est plustost le contraire : Car quand vous empruntes tous ses desguisemens pour cacher vos cheueux sous cette perruque & donnez à, vostre visage vne autre couleur, cela vous vient d'vn sentiment & regret de n'estre point belles de nature, vous voila donc l'aides par vostre propre confession. Et ne pensez pas que les autres qui vous voyent, soient si grossiers qu'ils n'en iugent ainsi & qu'il faut bien que la dessous il y ait quelque l'aideur honteuse, qui feroit peur aux autres puis qu'elle desplaist à vous mesmes. De sorte que l'vn vous voyant ainsi parées, dira ses cheueux ne sont point à elle, l'autre dira il y à la du vermillon, l'vn vous appellera Images reparées & l'autre sepulchre blanchis. Or sur cela S. Ambroise disoit femme quel meilleur Iuge pour-rions nous auoir de ta l'aideur que toy-mesme, puisque tu ne veux pas estre veuë telle que tu es. Et bien mes filles ie vous laisse vn peu songer ou peuuent estre alors les pensées de vostre salut. Que si vous me demandez des passages de l'Escriture là dessus où ses desguise-

Liure 2. des Vierges.

mens foient defendus en termes expres.
Certes la demande fera toufiours inutile
apres tant de raifons fi bien fondées, Il
eft bien vray que les Perruques n'y font
point nommées fi expres n'y les boites,
n'y les fards ny les flaquons n'y flacon-
nets nom par nom & felon leurs efpeces,
comme ils peuuent eftre dans les cabinets de fes Dames du monde ou chez les
drogueurs qui les debitent. Car auffi il
n'eftoit pas befoin que les efcrits Sacrez,
fuffent remplis de telles ordures. Car fi
les feruiteurs de Dieu euffent voulu tout
comprendre, ce n'eut efté iamais fait, il
fuffit qu'ils nous ayent laiffé des regles
pour en iuger. Mais quand les Apoftres
retranchent les treffes & les tortillemens des cheueux de l'ornement des
femmes, n'eft-ce pas parler en termes
expres contre tous artifices & chofes
femblables.

TITRE IV.

De l'accoustrement de la teste és choses, qui
sont naturelles & tout premierement
des cheueux.

QVand nous blasmons ainsi les desguisemens & les artifices des choses estranges, ce n'est pas pour approu-
uer sans difference toutes façons dont
on vse aux choses qu'vn chacun à de
soy: Car là se trouuera quelquefois de la
vanité & dissolution. Ce qui nous oblige
d'en parler maintenant, non pas pour
esplucher le tout par le menu qui seroit
chose infinie, mais autant qu'il en sera
besoin pour faire Iugement du reste par
l'exemple de quelque partie. Commen-
çant par la teste & par les cheueux, que
Dieu à voulu estre la partie plus eminen-
te, afin de donner à l'homme d'auantage
de soucy de la tenir en plus grand honneur, à ce qu'il ne s'y voye aucun vice,
qui puisse porter dommage à toute la
personne, pource que le vice n'y pût
estre si petit, qu'il ne soit tousiours apparent. Car la teste est comme le portail

de la maison, ou (à la gloire de l'entrée)
se connoist aussi-tost l'honneur & l'excellence du dedans. Et aussi, c'est là, que
l'Apostre pose le siege de la gloire préeminence & Majesté de l'homme & de la
femme, le siege de sa crainte, humilité,
& sujetion, qui sont les plus belles de ses
vertus. Et pourtant il se faut bien donner de garde qu'il n'y ait aucune façõ en
toute cette partie, qui puisse nuire à l'ordre de la nature & de barboüiller l'honneur que Dieu y à mis. Pour le regard des
cheueux. Dieu en auoit fait des deffen-
ces en sa Loy au peuple d'Israël, de les ac-
coustrer de certaines façons. Mais combien que nous ne soyons pas plus obligez
à ses ordonnances - là qu'à d'autres que
nous auons cy-deuant touchées : neantmoins nous pouuons bien voir par là que
nos cheueux ne sont pas laissez en nostre
disposition pour en faire à nostre volonté : mais qu'ils demeurent aussi en la disposition de Dieu, afin que nous prenions en sa parole les reglemens, qui sont
necessaires à vne droite reformation. Et
d'autant plus que nous voyons la folie
des hommes estre plus grande que iamais à corrompre son ouurage. Car pour

commencer par les hommes, il y en a,
qui vſent du fer chaut & autres artifices
pour friſer leurs cheueux, les autres les
nourriſſent comme les femmes pour les
eſpandre & en faire parade ſur leurs eſ-
eſpaules, les autres en reſeruent des flo-
quets, qui pendent ſur les oreilles: Bref
c'eſt merueille des nouueautez que nous
voyons tous les iours. Or telles façons
ayans de la vanité & de l'inconſtance
toute notoire (ſauf les autres vices, que
nous y remarquons) ne ſeront iamais
conuenables aux hommes Chreſtiens.
Car meſme les tortis & friſemens des
cheueux, ont eſté de tout temps repu-
tez indices des cœurs effeminez, aſſeruis
au monde & aux cupiditez du fol amour,
comme il ſe pût voir dans les Liures des
pauures Payens, dont les ſages & gens
de vertu en faiſoient des reproches aux
ieunes-hommes deſbordez & perdus.
Car encore que ç'a eſté vne choſe touſ-
jours indifferente entre les peuples de
porter les cheueux longs ou courts, toutefois lors que les hommes ſoüilliſſent
iuſques là que d'affecter les choſes qui
ſont plus propres aux femmes, ils perdent delà leur dignité & violent l'ordre

de la nature. Quant aux femmes fi elles
veulent apprendre l'Eftat propre & conuenable tant à leurs teftes qu'à leurs cheueux, elles l'apprendront de l'vnziefme
en la premiere aux Corinthiens; Où
l'Apoftre enfeigne que la femme eft la
gloire de l'homme, fous fa puiffance &
que cét ordre fe monftre au lieu plus
eminent de fa perfonne, qui eft le chef.
Et que la cheuelure luy a efté donnée
pour honneur : Mais auffi pour luy apprendre de la couurir en publiq & de la
porter ainfi fur fa tefte pour manque de
fa fujetion. Ce font les propofitions de
l'Apoftre. D'où il appert que defia il y
auoit du defordre entre les Corinthiens,
comme les anciens Docteurs de l'Eglife
(fans parler des autres Efcriuains) le re-
marquent quand ils difent, que les femmes ont toufiours fait parade de leurs
cheueux, les mettant en monftre, non
feulement par leurs artifices & tortillemens, mais auffi en les faifant voltiger à
defcouuert fans honte & vergogne. Or
l'Apoftre dit que c'eft peruertir l'ordre
de la nature. Ses raifons font tout premierement vne certaine honnefteté, que
la nature leur enfeigne, n'eftant pas
plus

plus deshonneſte qu'elles ſoient raſées
ou tõdues, que d'aller la teſte deſcouuerte. De plus que la couuerture eſt l'enſeigne de ſujetion à la femme & qu'elle
la doit porter à cauſe meſme des Anges.
Et voila les raiſons de l'Apoſtre. Que ſi
celles qui aiment tant d'aller la teſte
nuë penſent auoir ſatisfait à cette ordonnance, quand elles ne ſeront point
tonduës, mais auront pour couuerture
ſeulement la naturelle, qui eſt la cheueuleure, ce ne ſera pas aſſez ; Car la propo-
ſition de l'Apoſtre eſt que la femme doit
auoir pardeſſus ſa cheueuleure vne couuerture, autrement il ne diroit rien de
nouueau: Tant y à que ce ſont les Loix
de l'Apoſtre que les femmes ne peuuent
ignorer. Maintenant quãd nous rappor-
terons à ſes Loix les façons d'aujour-
d'huy, nous verrons combien elles ſont
eſloignées de l'honneſteté qu'il enſeigne. Car ç'a eſté la mode toute commune aux femmes d'aller la teſte nuë & de
porter en leur chef non les marques de
ſujetion, ains d'oſtentation, autant qu'il
s'en pût dire. Et le pis eſt que ce ſera
parmy les nobles, que ſes vices ſeront
en regne, au lieu que l'honneſteté y

I

deuroit estre en plus grande apparence
pour le rang qu'elles tiennent. Mais
quelques excuses qu'elles puissent apporter pour leur deffence, ce ne sont que
friuoles & corruptions: Car pour parler
tout premierement de celle qui va en
publiq la teste descouuerte, elle commet vne contreuention à l'ordonnance
de l'Apostre, Secondement c'est repugner à la nature qui luy enseigne d'auoir
la teste couuerte. Or ce qui est contre
la nature, ne pût estre honneste, d'autant qu'au dire de l'Apostre, c'est des-
honnorer son chef à son escient. Et de
vray si on vouloit raser ou tondre ses
femmes, elles aimeroient mieux estre
mortes & ne penseroient pas qu'il y eut
vn plus grand deshonneur au monde.
Or l'Apostre prononce que ce n'est pas
vn moindre deshonneur de n'auoir pas
la teste couuerte, que d'estre rasée ou
tonduë. Car si auoir la teste couuerte est
l'enseigne d'honnesteté, l'auoir descouuerte sera vn argument de fierté. Parce
que la Loy de Dieu veut que les femmes
portent la couuerture sur la teste en si-
gne de sujetion, qui est vne sujetion non
de contrainte ou de seruitude, ains d'or-

dre & defpendance, que noftre Dieu ordonne. Or refufer d'obeyr à la Loy de Dieu, c'eft tout autant que fi l'efclaue eut pris anciennement le bonet fur fa tefte, quand la Police le luy deffendoit pour vne marque de fon feruage. Or cette façon tant contraire à l'honnefteté ne manqua pas d'eftre fuiuie d'vne autre, non moins mauuaife, quand les femmes commencerent defleuer pardeffus le front leur cheueux à la façon de celles qui les efleuerent iadis en maniere de Morions, dont Tertullian s'en plaint fi fort. Bien eft vray que fes façons tant l'vne que l'autre font aujourd'huy changées, mais c'eft toufiours la mefme vanité quelque defguifement qu'on y apporte. Ce neantmoins ie ne veux pas nier que ie n'aye veu autrefois comme les Damoifelles portoient les cheueux refferrez au deffus du front. Mais cette façon qui eftoit fupportable, ne fut guere en couftume. Ie ne puis non plus nier que parmy les Dames des Villes, il n'y ait eu des façons plus modeftes. Mais à vn monde fi corrompu, cette fimplicité ne fut pas long-temps en vogue parmy ce fexe. Car il fallut finalement prendre

I ij

les pincetes en main & tirer comme par
despit les cheueux au dehors, pour les ef-
leuer à la veuë d'vn chacun auec mou-
les & fil d'archaut en façon d'aiſles de
chauue-ſouris iuſques aux nuës. Comme ſi l'orgueil eut voulu ſe faire des cornes pour heurter contre le Ciel. Ce ne
fut pas encore aſſez, car la vanité de ce
ſexe, qui ne garde pas la meſure, ſe deſ-
couurit derechef dans cét Eſtat en beaucoup d'autres manieres par guirlandes &
galands comme autant de bouquets de
fleurs ſur la teſte. Mais ſur tout par treſſes tortillemens & friſemẽs des cheueux,
entrelacez d'vn ſi grand ſoin auec fil d'or
& d'argent, chiffrez roſetes & paſſemens de prix de toute couleur pour orner la cheueuleure; qu'à dire vray, elle
ſembloit mieux à vne monſtre de merce-
rie qu'à vne teſte de femme. Et bien mes
filles ſe pût il nommer des folies plus
poumées & des vanitez plus vaines, que
celles-là & que nous auons veu à noſtre
honte depuis quatre vingts ans en ç'a.
Iadis quand on vouloit donner du plaiſir
aux regardans, on menoit vne fole ſur
leſchaffaut qui n'en portoit pas d'auantage ſur ſoy. Qne ſi aujourd'huy vne

femme n'auoit (au lieu de la couuerture
honneſte ſur ſon chef) que ſes folies-là,
quel iugement en feriez-vous ? Certes il
y en à bien peu qui ſe mettent en cét
équipage auec tant de peine, que ce ne
ſoit pour eſtre veuës belles, jolies &
bien tiffées afin d'aggréer au monde.
Non pas que i'eſtime que toutes celles
qui en vſent & qui en ont vſé ſoient menées d'vne meſme affection, mais auſſi
elles doiuent regarder le danger où elles expoſent leur ame & leur honneur.
Car les femmes qui ſont deuant les yeux
d'vn chacun, ne doiuent auoir rien ſur
elles, qui puiſſe eſtre mal pis. Et de vray
quand elles regarderont au droit but
tant de leurs cheueux que de leurs habits, certes il ne s'y trouuera n'y neceſſité n'y honneſteté, qui demande telles
vanitez. Mais ie n'ay que faire d'en parler d'auantage, non plus que de tant
d'autres façons, me contentant d'auoir
choiſi les plus communes & qui furent
iadis en vogue. Il y en a voirement d'autres & y en aura tant que le monde ſera
eſclaue de ſes conuoitiſes, d'autant qu'il
ne ſe paſſe mois, qui ne nous apporta
quelque mode nouuelle. Parce qu'il ſem-

bleaux femmes qu'elles n'ont leur cheueux du benefice de la nature que pour y
auoir tousiours l'esprit & la main pour
les desguiser. Tellement que tout ce que
ie puis maintenant faire, c'est de les
prier de reuenir au conseil de l'Apostre,
& d'auiser si telles façons s'y accordent
en rien. Mais passons outre.

TITRE V.

Des autres parties de la teste & de leurs vices.

POur le regard du visage nous en
auons desia banny les fards & les
desguisemens, mais aussi il faut regarder comment on vsera de ce qui est là naturellement. Pource qu'il y en a qui
auec les pincetes s'arrachent le poil dessus le front pour le faire plus ample, ou
des sourcils pour les faire plus estroits.
Et les autres se percent les oreilles pour
y passer des boucles. Or quand on examinera les causes de cela, il ne s'y trouuera rien de mieux qu'en tous ces autres
vices, dont nous auons desia parlé, c'est à
sçauoir l'ãbition & vn desir d'estre en ad-

mirationd'vne plus grande beauté. Mais
tant s'en faut qu'il y ait là de la commodité, qu'au contraire cela ne se pût faire
sans douleur & plaie, qui ne font qu'apporter des tourmens au lieu de seruir
d'ornemens. Que si le parement est honneste quand il est selon la nature, si est-
ce que telles façons ne le peuuent estre,
Attendu que non seulement elles luy repugnent, mais d'ailleurs elles luy font
vn tort notable. Que si nos corps sont
l'ouurage de Dieu, que nous deuons
conseruer auec honneur, certes on ne les
pût tourmenter ainsi auec le fer que ce
ne soit les fleestrir par vn oppobre. Pour
le moins cette iniure ne se deuroit pas
addresser aux parties de nous si nobles,
en consequence de tant des seruices
qu'elles nous rendent ; Car par exemple,
l'oreille à cette faueur de Dieu d'entendre toute la premiere les promesses de salut, pour les enuoyer à l'ame : Nous la
deuons donc auoir consacrée à la memoire de toutes choses sainctes & profitables. Or c'est en peruertir du tout l'v-
sage & luy faire honte de la condamner
à la chaisne, & à l'attache des vanitez &
folies de ce siecle. Et de vray que font-

ils autre chose ces gens là auec leurs chif-
fres & pendans d'oreille ? D'ailleurs ie
m'estonne comment ces femmes, qui
font tant les mignardes & qui apprehendent si fort d'estre offencées tant soit
peu au bout du doigt, osent presenter
leurs plus cheres parties, non seulement
à la main d'vn autre, mais encore d'estre
bourrellez d'elles-mesmes ; Et où est la
femme de sens rassis, qui prenne le fer à
la main pour se plumer toute viue & respandre son sang par des playes ? Qui
doutera donc que cette passion aueugle
d'vne vaine beauté, ne metre leur naturel & leur ame à l'enuers ? Iamais Dieu
(ce dit sainct Cyprian) n'enseigna aux
hommes de se faire des playes & de trans-
percer aucune partie de leurs corps ;
C'est vne brutalité trop indigne non seulement des Chrestiens, mais aussi de
l'homme. Car pourtant si ce n'est point
sans estonnement que nous oyons ra-
compter comment ces cruels Antropo-
phages de l'Amerique se percent les
oreilles & les ioües pour y appliquer des
pierres de prix, combien plus on s'eston-
nera d'ouyr qu'en nostre Hemysphere se
font des choses semblables & des cruau-

tez pareilles , causées d'vne opinion d'en
deuenir plus belles ou plus beaux. Si
donc nous sommes contrains de reconnoistre en ceux là vne brutalité & priuation du sens commun par vn iuste iugement de Dieu , douterons-nous que
ces façons de nostre Hemysphere procedent d'autre source que de celle-là ;
Nous concluons donc qu'aux personnes
sages & esloignées de toute vanité , vne
beauté forcée par playes & douleurs ,
n'est non plus honneste que vtile. Si on
dit que ce n'est pas d'aujourd'huy que
ces façons d'auoir des trous & de pendans aux oreilles commencent ; nous
l'accordons, mais les Chrestiens ont leur
Regle de ne suiure pas tout ce qui se fait,
ains d'esprouuer & choisir auec aduis &
côseil ce qui se doit faire. Et de vray il y à
long-téps que les hommes & les femmes
ont percé & flestry auec le fer leurs oreilles pour y mettre des boucles ; Que s'il
faut conclure quelque chose delà , c'est
qu'il y à long-temps que le monde à les
affections esgarées & peut estre que telles folies seroient plus supportables en
d'autres saisons qu'en celle-cy , où reluit
la clarté de l'Euangile, qui nous doit fai-

releuer le masque. Mais parlons vn peu
de la barbe, pource qu'en cette partie
là, on y commet bien souuent des fautes
& aussi que ie ne veux pas que les femmes me reprochent, que i'espargne les
hommes, cependant que ie les recherche
de si pres. Porter barbe ou n'en porter
point à tousiours esté estimé de soy chose indifferente, tellement qu'entre les
Nations il s'est veu de tout cecy vne
grande diuersité, soit que la commodité
ou outre raison en ait esté la cause. Il y a
eu des Princes qui faisoient deffence à
leurs gendarmes de porter la barbe longue, de peur qu'au combat de main à
main ils ne fussent empoignez par là, i'a-
çoit que ie ne contredis pas qu'il n'y
puisse auoir des raisons du contraire.
Mais sur tout qu'on se garde de rien faire
par superstition, c'est à dire par vne opinion de plus grande saincteté. Que si on
porte barbe qu'on se garde de la friser,
ou d'en faire des traisses & choses semblables. Car tous ces artifices sont autant de vanitez & curiositez foles, propres à gens effeminez & du tout indignes
de la grauité, sagesse & modestie des
Chrestiens.

TITRE. VI.

Du col, de la gorge, du sein & des Tettes.

APres auoir touché ce qui repugne tant à la teste qu'à la face, il eschet maintenant à parler du col, de la gorge, du sein & des tettes : Ou les admonitions n'y sont pas moins necessaires pour les grands vices, & dissolutions qu'on y voit : Car aujourd'huy les femmes se plaisent si fort d'auoir toutes ces parties-là descouuertes, qu'il semble qu'elles les ayent prisez à prix fait, Chose pourtant qui ne leur pût estre honneste de porter la gorge & le sein à nud, en quelque sorte que ce soit. Et pour commencer à ce que la nature requiert, il se trouuera que le meilleur, c'est de l'auoir couuert. Car aussi ce fut la honte de se voir nuds, qui apprit à nos premiers parens de couurir leurs corps. Ce que Dieu approuua tellement que mesmes il leur fournit d'accoustrement, ores que ce fut en suite d'vn acte mauuais. Que si la honte doit commander à tous de se couurir, cela appartient encore plus aux femmes,

lesquelles doiuent auoir cette honte &
vergogne recommandée sur toutes choses ; D'alleguer que la nature nous apprend d'auoir les autres parties couuertes & non pas la gorge, le col, le sein &
les tettes, il ne s'en pût dire raison aucune. Car il n'y à ny necessité naturelle, ny
commodité de la vie qui le requiere.
Que si nous auons les mains à nud c'est
d'autant que ce sont les parties qui doiuent estre tousiours occupées, si aussi le
visage, c'est par ce que là sont les principales facultez de nos sens & les instru-
mens de la communication ordinaire entre nous, dont il ne seroit pas possible
d'en vser autrement. Mais qu'il y ait
rien qui presse les femmes d'auoir le sein
& la gorge à nuds, il n'y à point d'apparence, Parce que ce sont les parties les
plus tendres & plus suietes aux iniures
du dehors, comme les femmes le sentent
& le confessent de leur gré, lors que sor-
tans à l'air, elles les couurent. Si donc
la nature n'enseigne point cette façon là
de les auoir descouuertes, ains elle y resiste & que d'ailleurs il n'y à n'y necessité n'y commodité de la vie, mais bien
tout le contraire, ce sont desia des grands

preiuges de ne la dire point bonne. Cela estant ainsi, ie ne voy pas qu'il y ait non plus de l'honnesteté de les tenir descouuerts ; Car l'honnesteté qui est conforme à la nature ne se trouuera pas là en cette maniere. Mais pour en parler tout de bon, c'est l'outrecuidance, la vanité, & l'impudicité, qui a appris aux femmes de reietter toute couuerture tant de la teste, que du sein. Ce fut iadis l'estat debordé de ces vilanies. d'Israël du temps d'Esaïe, de cheminer ainsi fieres, la teste haute & le col estendu, pour se mettre en monstre ; Et qui attira finalement la main vengeresse de Dieu sur leurs dissolutions. Ce fut aussi l'esprit immonde, qui faisoit mettre à nud ce pauure homme, dont est parlé en l'Euangile & qui regne encore aujourd'huy parmy ses barbares forcenez de l'Antarctique. Or ie vous prie quel iugement pourrions-nous faire des femmes d'aujourd'huy, quand elles vont à l'enuy l'vne de l'autre d'estaler leur sein à descouuert, sinon que ce sont des mondaines, qui desirent d'estre veuës, Mais ce desir dese presenter aux yeux du monde auec toutes ses parties nuës, ne va-il

pas encore plus auaut? Par ce qu'il est à
craindre, que l'impudicite qui descou-
ure ce sein, ne se fasse lire au mitan de
ces tettes comme sur vne carte blanche.
Elles s'escrieront icy que ie les charge à
tort, mais aussi ie leur demande s'il n'est
pas ainsi qu'elles mettent ces parties à
nud pour estre veuës? S'il y en a qui l'o-
sent nier, il ne sera iamais croyable qu'au
peril de leur santé, elles voulussent oster
delà toute couuerture pour neant: & que
ce ne soit d'en donner la veuë & d'auoir
des spectateurs & d'admirateurs de leur
beauté? Et que signifie cela, qu'estant
hors de la veuë, elles couurent aussi-tost
ces parties là d'vn mouchoir & au contraire venans en compagnie, elles les
descouurent; C'est donc pour estre
veües. Car c'est aussi pourquoy les col-
liers & chaisnes de prix sont là tendües
comme autant de filets pour enlacer &
retenir les yeux auec plus de contentement, Cependant ie veux bien qu'on
sçache qu'en accusant les desbordemens
du monde, ie ne pretens pas comprendre
en mesme rang celles, qui y faillent
sans y penser du mal; Mais d'ailleurs ie
les exhorte par les compassions de Dieu

de considerer les dangers, ou elles expo-
sent leur honneur & leur ame, ensuiuant
si indifferemment telles façons, qui n'ont
pris commencement qu'entre les infidelles & paillardes de ce monde. Au surplus quand la femme sera bien humble
& craintiue, elle n'aura pas ce desir de
se faire voir. Rebeca voyant venir de
loin Isaac (quoy que ce fut son futur Espoux) couurit sa face d'vn voile, en l'a-
bondant ; Car c'estoit l'honneur que la
honte & pudicité des filles bien sages de
ce temps-là. Dont ie vous laisse vn peu à
penser, si elles eussent osé descouurir
leur gorge, puis qu'elles couuroient leurs
faces en compagnie. Aussi vn Payen disoit sur ce sujet que la femme qui despouïlle le vestement, despouïlle tout
ensemble la honte, celle donc qui ne le
despouïlle qu'en partie, despouïlle autant de sa pudicité. Mais ce n'est pas
tout, car les dangers sont si grands de
part & d'autre, que non seulement les
femmes en se tiffant & se produisant ainsi au iour se perdent ; mais aussi les hommes, ausquels les allechemens & matieres de desirer & de conuoiter n'y sont
que par trop. Par exemple nous sçauons

Genese
24.

Hero-
dote au
prem.
Liure.

ce qui aduint à Dauid, pour auoir veu vne
femme trop defcouuerte? Comment cè
dira quelqu'vn eft il poffible qu'vn fein
& vne gorge defcouuerte faffent de telles playes? Voire les Portraits mefme
d'vne Venus, ou d'vne Heleine auec le
fein nud, feulement auront bien cette
force de remuer les conuoitifes tant eft
la matiere prefte à brufler au cœur de
l'homme & les yeux prompts à cueillir
le feu de toutes parts. A cette caufe
pour n'auoir occafion de pecher, il ne
faut pas auoir chez foy ces tableaux des
femmes nuës, de peur que le Diable,
qui rode autour de nous pour nous perdre ne s'y trouue caché, pour ietter delà quelque venin en l'ame au plaifir des
yeux. Que fi les peintures feulement ont
tant de force deffus le cœur de la nature
efclaue de peché, que pût il aduenir fi on
luy prefente ainfi à nud, la caufe de fon
mal toute viuante. Voila les inconueniens que les femmes doiuent poifer afin
de iuger fi telles façons, qui n'ont rien
au refte d'vtilité, n'y d'honnefteté leur
peuuent eftre bien conuenables.

TITRE

TITRE VII.

*Des chaisnes, carquans coliers & choses
semblables.*

LA suite de l'accoustrement veut
que ie parle icy de ses choses, que
l'on applique principalement pour l'ornement des parties plus hautes. Ce qui
me seroit impossible de nombrer par le
menu pour la grande diuersité, que les
vaines & curieuses y adioustent tous les
iours. Or ie les puis bien mettre au rang
des autres vices, dont nous auons parlé
cy-dessus. Car on ne peut pas dire que la
necessité en ait introduit l'inuention au
monde, veu que la personne n'en sera
pas mieux n'y contre le froid n'y contre
le chaut, n'estant rien que charges &
empeschemens au corps humain. Quant
est de l'honnesteté, elle n'y pût non
plus estre s'il y à tant soit peu du vice: Or
ie ne voy pas comment on les puisse excuser, puisque la fole curiosité & vanité
y est toute visible par les nouueautez
qu'on y applique. Quant à l'orgueil c'est
bien là son regne & ses triomphes : cha-

cune de ſes femmes allans à l'enuie d'en
eſtre la plus braue & la plus magnifique
pour tirer en admiration les regardans
par leurs coliers, chaiſnes, carquans &
bracelets. Et cependant les dangers de
l'impudicité n'y ſont pas moindres : ſur
tout ſi ces choſes ſont adiouſtées aux artifices des cheueux, d'vne gorge deſcouuerte & d'vn ſein nud & d'autres vices,
comme autant de nouueaux obiets pour
arreſter les yeux des regardans auec plus
de contentement. Et le Diable, qui eſt
vn Ouurier Adroit pour prendre les occaſions, eſbloüit les ſens par la lueur de
telles vanitez, afin que le cœur & les affections des pauures ſots demeurent en-
chaiſnées à ſes Cadenes là, comme des
eſclaues de mille conuoitiſes à la perdition & ruine de leurs ames. Et de vray
ces choſes, qui attirent tant de vices &
de dangers apres elles, ne peuuent eſtre
conuenables aux Chreſtiens. Ce n'eſt
donc ſans cauſe ſi Eſaye ſe courrouce
tant aſprement contre les Dames de ſon
temps, taxant par le menu les vices qui
ſe deſcouuroient ſur leurs perſonnes,
pour leur en faire honte. Et partant ſi
nous conſiderons la condition heureuſe

Chap.
3.

des Chrestiens, ce n'est point à eux, à
qui les Chaisnes & Coliers sont instru-
mens & enseignes de seruitude, Pource
qu'on a de coustume de les mettre au col
des pauures forçats & autres esclaues
faits en guerre ou autrement. Et n'importe si les chaisnes sont de fer ou d'ai-
rain ou d'or ou d'argent, attendu que
quelques nations ont enchaisné autrefois leurs Esclaues auec l'or & l'argent.
Par ainsi ceux qui portent les chaisnes &
ont le col au carquant, ne se font point
d'honneur ains ils publient par ses en-
treseignes qu'ils sont dans la seruitude.
Et pour ce regard, les chaisnes sont tres
conuenables aux mondains, qui sont encore Esclaues du peché du Diable, du
monde & de leur propre corruption,
mais non aux Chrestiens, qui ont esté
deliurez de telle seruitude par le benefice de Iesus-Christ. Tellement qu'il ne
leur est conuenable en aucune sorte, de
porter les marques de seruitude estant
cette liberté acquise par le sang precieux du Fils de Dieu. Quiconque l'aura
chaire, ne souffrira point que le Diable
luy mette ses liens au col pour asseruir
encore ses desirs à sa volonté. Et ne

prendra point ſes Carquans ou le peché
tient à l'attache auec ignominie ſes pri-
ſonniers. Bref il ne chargera point ſes
fardeaux & ſes Pierres, que le monde
pend au col des ſiens pour les enfoncer
dans la bourbe du peché. Car Ieſus-
Chriſt veut que les ſiens ayent les teſtes
leuées en l'attente de ſa venuë & de leur
pleine deliurance. Ce qui ne peut eſtre
dit de ceux qui ſont chargez de ſes fardeaux & choſes vaines, ayans le col en-
chaiſné à la terre, comme ſi là eſtoit toute leur eſperance. Car qui iugera que
ſes femmes qui ſe diſent fideles & Chreſtiennes ayent renoncé ſans hypocryſie
au monde & à ſes pompes, quand on les
verra dorées, luiſantes, diaprées & ba-
guées ainſi. Ce ſont les eſcherpes & li-
urées du monde, qu'elles doiuent tenir
pour ſuſpectes. Or nous auons deſia condamné beaucoup de vices en l'accouſtrement d'aujourd'huy. Et l'honneſteté
veut auſſi que nous prononcions pareilles ſentences contre ſes bagues & deſgui-
ſemens. Dont n'eſt à oublier icy cette
Loy politique, que Dieu auoit donnée
à ſon peuple d'Iſraël & qui portoit que
le ſerf Hebrieu ſeroit mis en liberté la

septiesme année. Que si quelqu'vn (arre-
sté par trop à la maison de son Seigneur) refusoit d'en sortir & d'estre af-
franchy, on luy deuoit percer l'oreille
auec vne Alesne pour estre tousiours Esclaue & porter l'ignominie de la lasche-
té de son cœur aux yeux de tout le monde. Au semblable si ceux qui se disent
Chrestiens aiment mieux croupir dans
les ordures & façons du monde, que d'e-
stre en l'Estat honneste & conuenable à
la profession des vrais affrachis de Iesus-
Christ : sans doute ils porteront finalement auec leurs chaisnes carquans & coliers les marques de la seruitude du monde, à leur deshonneur deuant Dieu.

TITRE VIII.

Du reste de l'accoustrement.

QVant au reste de l'accoustremen
il faut que les façons soient mesu-
rées sur les Regles plus generales, que
nous auons posées cy-dessus. Car ce qui
se trouuera repugnant à icelles, ne sera
point honneste. Il se faut conformer
tousiours à la coustume, pourueu qu'il

ne s'y remarque quelque vice notable,
qui l'empefche & auffi que les fuperflui-
tez (qui n'engendrent que des defpences exceffiues) en foient bannies. Car
il y en a qui ne penfent pas eftre bien ve-
ftus, s'ils n'emploient le drap & autres
eftoffes au double & fi les façons ne font
les plus cheres. C'eft vne maladie d'efprit és perfonnes diffoluës , qui les met
ainfi hors de toute raifon & qui nous engendre tous les iours chofes monftrueu-
fes, comme font fes Chauffes bouffantes,
fes larges Freffes de pied & demy-pied &
autres excez en tant de laffets & paffe-
mens inutiles , en defcoupeures , bouf-
feries , houppes & attaches qui au lieu
de commoditez , n'apportent que d'incommoditez , prodigalitez , defpences
& pertes infinies. Or il faut que la modeftie & fobrieté Chreftienne reprime
tout cela. Et fur tout qu'on euite toutes
façons, qui peuuent auoir en quelque
forte apparence d'orgueil , d'impudicité
& d'affeterie. De noftre temps nous
auons veu prendre les vertingales auec
vne incroyable obftination. Or il ne faut
pas douter que les mefmes vices n'euffent amené cette couftume. Car l'or-

gueil à voulu espandre ainsi ses pans &
marcher au large auec plus de magnificence. En quoy l'impudicité à pensé y
trouuer quelque chose pour rendre la
femme plus Poupine, plus desirable & la
mettre plus en veuë pour guinder & faire raisonner ses pas en la dance ou en la
pourmenade, par ses demarches & possible pour cacher vn ventre enflé. Quoy
que c'en soit la vanité n'y pouuoit pas
estre excusée, pource qu'il ne s'y trou-
uoit aucune commodité honneste. Car
si on dit que la femme en estoit plus à
son aise & à deliuré pour marcher promptement, i'en appelle à tesmoin leur
conscience, si au contraire, ce n'estoit
pas plustost vn fardeau qui ne seruoit que
d'empeschement tant à elles qu'aux autres, comme desia plusieurs qui s'en en-
nuierent, les ont quittées, Car pour
celles qui s'opiniastrent de les retenir
pour cette raison qu'elles marchent plus
legerement, certes si cela estoit, les
Maistresses feront mieux de les faire
porter à leurs Chambrieres pour les faire courir plus legerement à l'eau, au
marché & autres besongnes. Mais ie
vous prie, dequoy sert à ses Damoisel-

H iiij

les d'alleguer qu'elles se seruent de cette
occasion pour aller plus legerement, veu
que par l'ordonnance de Dieu : elles doiuent garder la maison sans courir ça &
là, comme des foles ? Or comme on s'est
enfin ennuyé de cette mode on en à re-
pris aussi-tost vne autre du nom de Ver-
tugadins, qui n'est guere moindre pour
enfler les plis, c'est à dire mettre au large & à pleine voiles l'orgueil & la dissolution. Mais telles vanitez n'appartien-
nent qu'aux mondains. D'où vient qu'en
suite de ce, I ie mets au mesme rang
de ses mondanitez les miroirs que l'on
void quelquefois pendre à la ceinture des femmes comme si c'estoit vn instrument de bien-seance & necessaire à
la vie pour l'auoir tousiours prés de soy
& en main. C'est plustost vn iouët des
femmes oysiues, l'instrument de leurs
vanitez la nourriture de l'orgueil & de
la presomption. C'est pour se voir & contempler, c'est à dire prendre plaisir en
l'amour de soy-mesme, qui est le vice
plus pernicieux qu'on puisse auoir. Mais
à quel propos les femmes veulent voir si
souuent leurs tresses, leurs dorures &
leur fard, si ce n'est que le mauuais es-

prit leur veut faire oublier Dieu pour les
rendre idolatres d'elles mesmes. On lit
dans les Liures des Poëtes d'vn pauure
sot nommé Narcisse, lequel se voyant
dans le clair d'vne eau, deuint tellement
amoureux de son visage, que cét obiet
rendoit à ses yeux, qu'il ne fut iamais en
sa puissance de partir delà. De sorte que
ce contentement de se mirer & de se voir
ainsi affola si fort son entendement, que
perdant peu à peu les forces & les sens,
il se laissa tomber dans cette fontaine &
se perdit. C'est donc vne pareille folie,
qui tient aujourd'huy ses femmes. Car
n'est-il point à craindre que prenans vn si
grand plaisir à se regarder dans cette gla-
ce, le Diable n'vse de l'occasion pour
seduire leurs sens & les noyer en l'image
& amour d'elles-mesmes. Il leur seroit
donc beaucoup plus seant pour leur
honneur & leur salut de se contempler dans le miroir de la vertu ou se mirer sans cesse dans la Loy de Dieu, que
dans ses miroirs de vanité qui esgarent
leurs esprits. Mais que fay-ie de vouloir
poursuiure ainsi par le menu les vices &
vanitez, qui se rencontrent aux vestemens des hommes & des femmes Chre-

stiennes. Certes ce seroit entrer dans vn
gouffre sans issuë d'entreprendre de
nommer seulement ce que les curiositez
& appetits desreglez des vns & des autres en inuentent tous les iours. Ie desire
donc qu'on rapporte icy le reste aux regles plus generales & que les exemples
proposez iusques icy, seruent pour faire
Iugement auec plus de facilité de la
vraye honnesteté & bien-seance, à ceux
qui seront resolus d'assujetir les mauuaises coustumes & leurs vaines cupiditez à
vne droite reformation.

Fin de la troisiesme partie.

QVATRIESME PARTIE

DE CE TRAICTE'

CONTENANT LES

OBIECTIONS QVE LE
monde fait ordinairement pour
deffendre & retenir les choses
cy-dessus condamnées.

PREMIERE OBIECTION
prise de la liberté Chrestienne.

ET de vray ie ne faits pas doute, que
lors qu'il faudra retrancher de nostre vestemēt toutes ces superfluitez par
ces regles que nous auons desia posées :
plusieurs n'en seront pas contens. Et
possible qu'ils y resisteront tant de fait
que de parole, pensans auoir des raisons
pour se maintenir en la licence, dont le
monde en auoit acquis quelque droit
par vne si longue possession : En quoy
pourtant ce seroit equité de ne les oüyr

pas, veu que nous n'auons rien proposé
que les ordonnances de Dieu expresses;
N'estans seulemēt que expositeurs de la
sentence donnée par les saincts Apostres,
de Iesus-Christ, comme desia il à peu
apparoir par tout ce que dessus. Toutefois afin qu'ils n'ayent occasion de se
plaindre que nous vsons de rigueur, les
deboutans ainsi de leurs griefs, sans les
auoir examinez, i'accorde que nous
croyons ce qu'ils pretendent. Et premierement on se plaindra que nous abolis-
sons la liberté Chrestienne & le droit
vsage des choses indifferentes & que
nous establissons vne nouuelle saincteté
aux habits & introduisons vne Moinerie
vniuerselle dans la Chrestienne. Mais
contre cette accusation nous auons pour
deffence tout ce qui a esté dit iusques à
present, ayant suffisamment monstré
quel droit nous auons d'appliquer à nos
vsages les creatures de Dieu, N'ayant pas
mesme espargné l'hōneur d'aucuns Do-
ctes personnages du temps iadis, pour
auoir quelquefois parlé trop crulement
ment de ses choses & trop restraint cette
liberté, laissans des scrupules aux consciences, qui les pourroient troubler,

I'ay donc d'y & le d'y encore auec l'Apostre que toutes choses nous sont loisi-
bles; Mais si i'ay enseigné qu'en cette
matiere des vestemens, non plus que ces
autres choses indifferentes, tout n'est pas
expedient, & me suis employé de monstrer ce qui l'estoit, & ce qui ne l'estoit
pas, Certes ie l'ay fait par le conseil du
mesme Apostre, autant de fois qu'il a
parlé des choses qui sont en nostre liberté. Car quand luy mesme auec sainct
Pierre à retranché de l'accoustrement
l'or, les perles, les somptuositez & en
general tout ce qui repugne à l'humilité,
à la vergogne, à la modestie & à la pureté; ç'a esté pour nous apprendre d'en
faire ainsi, sans craindre d'apporter par
cela aucun preiudice à la liberté Chrestienne. Ce sont voirement des choses
indifferentes que les matieres, mais l'orgueil, la vanité, la curiosité importune,
& l'impudicité, ne sont pas choses indifferentes, ausquelles nous auons opposé
ces reglemens. Quant au reste nous accordons que ces vices estant vne fois corrigez, toutes choses nous seront licites
pour ce qu'auec les causes de tant de desordres, les effets cesseront auec les abus.

De dire que nous voulions eſtablir vne
Moinerie où Bigoterie vniuerſelle en la
Chreſtienté, quand nous deſirons que
iuſques au veſtement il y ait vne ſaincte
Reformation entre les Chreſtiens, certes il n'y à point de raiſon de le preſumer,
Car ce n'eſt point noſtre intention de
ranger tout le monde à la façon des Moi-
nes, auſquels rien ne ſoit permis que le
bureau, le gris, le parfumé, l'Eſcapulai-
re, la corde renoüée, le ſoulier percé &
choſes ſemblables & ne voudrois non
plus arreſter la ſaincteté aux choſes externes. Mais i'exhorte tous ceux, qui
ſont membres de l'Egliſe Catholique de
ſe ſeparer du monde & d'eſtre vn peuple
particulier à Dieu, amateurs de toutes
bonnes œuures, de poſſeder leurs vaiſ-
ſeaux en ſanctification & honneur ; Bref
de n'auoir rien iuſques à leurs habits qui
ne ſoit conuenable à leur profeſſion. Et
encore que cela ne ſe puiſſe executer
ſãs mettre bas beaucoup de curioſitez &
mondaines vanitez, il le faut pourtant
faire, pour donner à connoiſtre que c'eſt
en verité que nous auons receu la grace
de l'Euangile & que nous en iouyſſons
non point en ſuperficie, ou en hypo-

crisie, mais en des cœurs renouuellez à
toute pureté.

Deuxiesme obiection prise de la coustume.

ON nous reproche en second lieu
que c'est bien à tort & sans cause
que nous nous formalisons contre ce qui
se fait & se pratique par vn chacun, Veu
que c'est vne coustume aujourd'huy par
tout d'vser des façons que nous condamnons & que si on s'accoustre autrement,
que c'est vne simplicité, dont on se moc-
que. Mais pour response ie renuoye le
Lecteur à ce que i'en ay desia dit sur ce
sujet. Car i'ay monstré que cela appartient aussi à la bien-seance & honnesteré
de ne se départir pas legerement des façons qui sont en vsage là, où nous sommes. Mais pourtant cette regle doit
estre prise non separement, ains conioin-
tement auec les autres. Car si en l'accoustrement il y auoit quelque chose re-
pugnante aux autres articles de l'honnesteté : certes en ce cas là, la coustume ne
seroit pas bonne, d'autant que les Chrestiens doiuent auoir appris pour bien

ordonner leur vie de n'enfuiure la multitude pour mal faire, de ne fe conformer
point au monde & de ne communiquer
aux œuures de tenebres, mais bien de les
reprendre. Et de vray s'il falloit touf-
jours enfuiure & fans exception ce qui fe
fait couftumierement; certes l'ouuerture en feroit tres-dangereufe, veu que la
plufpart du monde eft corrompu & alie-
né de Dieu. A quoy la vocation des vrais
Chreftiens ne fe peut accorder par cette
regle que l'Apoftre leur donne contre la
couftume des autres. Mais vous n'auez
point ainfi appris Iefus-Chrift. Auffi
c'eft vne des principales graces de Iefus-
Chrift de nous auoir feparez du monde.
Ioint que ceux qui nous font cette obie-
iection de la couftume, prennent fans
raifon le plus fouuent ce qui fe fait non
par les fages & vertueux, ou felon les
bonnes Loix & couftumes du pays, mais
par les hommes vicieux, legers & adon-
nez à leurs plaifirs. Or ce n'eft pas là qu'il
faut chercher la couftume pour l'enfuiure, mais en ceux qui fuiuent la vertu,
encor qu'ils ne foient pas efgaux en nom-
bre. Ainfi S. Paul parlant des habits en
la feconde aux Corinthiens n'allegue
pas

pas simplement la coustume, mais la coustume qui estoit en vsage és Eglises de Dieu, c'est à dire entre les gens de bien, sages, honnestes & craignans Dieu. Il y en a voirement qui se fardent, vsent d'artifices en leurs cheueux, vont la gorge & le sein tout descouuert, mais il faut regarder qu'elles gens ils sont & il se trouuera que ce sont des femmes mondaines, n'ayans rien au cœur que la vanité & leur plaisir. Et bien qu'on allegue là dessus tant qu'on voudra la multitude de telles femmes. Ie vous demande vn peu est il raisonnable que les Chrestiens & fideles leur doiuent ressembler & se desguiser selon l'inconstance ordinaire des foles & que selon la nature du Camelon prennent autant des couleurs & des façons qu'il plaira aux femmes du monde? Mes filles celles-là sont du monde & vous y deuez auoir renoncé, elles veulent estre veuës & n'ont autre pensée que de plaire aux yeux de ceux qui les regardent & vous auez à complaire à Dieu, elles sont superbes faisans gloire de leurs pompes & vous auez à dompter cét orgueil par vne humilité de cœur & vergogne, elles sont

L

gaillardes n'ayans autre soucy que de satisfaire à leurs desirs & vous estes appellées à la modestie, elles sont lasciues prenans plaisir à tenir esclaues leurs fauoris dans les rets de leurs artifices, mais vostre pudicité ne doit pas estre soüillée de la moindre tasche de leur impudicité. Autrement où seroit la saincteté, qui doit mettre difference entre celles, qui sont appellées de Iesus-Christ & celles, qui ne le sont pas? Ou seroit disie le fruit de la grace, qui nous est faite & l'honneur d'estre en l'Eglise de Dieu? Quant à ce qu'on dit que nostre simplicité leur sera en moquerie, cela pourra bien estre au regard d'aucuns, toutefois sainct Pierre nous donne esperance que ce ne sera pas de tous. Car exhortant les femmes à bien regler leur conuersation d'estre modestes & chastes & mesme de retrancher de leurs habits l'or, les perles, tous ses tortillemens & frisemens des chueux de leurs testes & autres choses semblables, il leur propose que la fin de tout cela, c'est que ceux qui sont rebelles à la parole, seront possible gagnes sans parole par cette saincte reformation. Or il ne parle point ainsi, que ce ne

ſoit pour aſſeurer que noſtre ſimplicité
ſera pour le moins bien receuë & ſalu-
taire à aucuns. Car Dieu ne ſouffrira
point que cette lumiere de ños bonnes
œuures ſoit inutile. Ce qui nous doit
ſuffire, quand meſme nous n'aurions autre contentement que d'auoir pleu à
Dieu, par noſtre ſimplicité & pureté. Et
ores qu'il y ait des meſchans qui s'en
moquent, ce n'eſt pas pourtant la raiſon de ſe deſiſter de bien faire pour leur
complaire. Ils ſe moquent bien de
Dieu & de ſa parole, ç'a eſté de tout
temps que les gens de bien pour guer-
don de leur vertu, ont eſté mis en monſtre, raillez & diffamez. Que s'ils ſe
moquent quand nous faiſons bien, ſelon que Dieu nous commande, ce ſont
des moqueries, qui s'adreſſent à Dieu.
En quoy nous ne pourrions acquerir plus
d'honneur que de prendre tres-volon-
tiers ſur nous les blaſmes de ceux, qui
diffament le Seigneur. Et d'ailleurs c'eſt
que toutes ces moqueries ſont autant
d'argumens pour faire priſer de tant plus
noſtre ſimplicité en nos habits. Mais entendons vn peu parler Tertulien ſur ce
ſujet. Car c'eſtoit auſſi vne obiection

qu'on luy faisoit. Quelques-vns, dit-il, alleguent au contraire que le nom de
Dieu sera blasphemé à nostre occasion
par les infideles, s'il nous arriue de nous
dessaisir de quelque chose de nostre premier accoustrement & accoustumé. Certes si nous craignons en cela le dire des
infidelles, il ne faut donc non plus oster
nos anciens vices & peruerses habitu-
des, pour demeurer en la mesme façon
de viure que nous suiuions auparauant,
Et lors les infidelles ne blasphemeront-
ils pas le nom de Dieu? N'est-ce pas vn
grand blaspheme du nom de Dieu & vn
grand reproche bien à craindre quand
on entẽd dire depuis qu'vne telle est de-
uenuë fidelle & Chrestienne, elle s'accoustre plus simplement qu'elle ne faisoit auparauant, Vne femme Chrestienne ne doit iamais craindre cela & qu'e-
stant plus simplemẽt, on la pense estre de-
uenuë plus pauure, veu qu'elle est plus
riche estant Chrestienne & qu'elle semble estre plus sale, maintenant qu'elle est
plus nette. Et sur cela ie demande faut-
il que l'homme Chrestien & fidelle s'accoustre & se gouuerne selon la volonté
des infidelles ou selon la volonté de

Dieu? Ie vous prie defirons pluftoft auec
tout foin de ne leur donner iufte occafion de blafphemer le nom de Dieu. Or
combien plus & à plus iufte titre le blaf-
phemeront-ils quand ils vous verront
(vous Chreftiennes , qui vous dites eftre
les maiftreffes de toute chafteté) ainfi
tiffées & diaprées à la façon des vilaines
& impudiques. Car qu'auront-elles plus
que vous ces vilaines, qui font les vaif-
feaux de l'ordure de tout le monde? Et
voila de qu'elle façon Tertullian refpon-
doit à cette obiection de la couftume au
fujet des veftemens. Tellement que nous
n'auons point à craindre que noftre
changement offenfe les mondains d'aujourd'huy, ains il faut qu'ils fçachent,
qu'il y a voirement vn changement en
nous, mais c'eft par la grace de Dieu,
qui nous fanctifie & qui nous renouuelle
à vne meilleure vie, afin qu'ils la defirent
& qu'ils s'y confirment auec nous. Car il
n'y à non plus de raifon d'eftre efmeu de
la haine que les mondains ou les Hereti-
ques conceuront à l'encontre de nous
pour ce changement, attendu que fainct 1. Petri
Pierre dit que de fon temps, il en arri- cap. 4.
uoit ainfi, c'eft à fçauoir que les infidelles

L iij

s'irritoient de ce que les Chreſtiens ne
courroient plus auec eux , en vn meſme
abandon de diſſolution. Or pour cela
donne-il conſeil aux Chreſtiens de reprendre le meſme train de diſſolution
auec eux? Au contraire en les exhortant
à continuer de viure ſelon la volonté de
Dieu , il leur propoſe dequoy s'aſſeurer
contre cette mal-veillance , diſant que
Dieu eſt preſt de venir en Iugement
pour y pouruoir. Que ſi le monde , où
nous ſommes , eſt tellement peruerty
qu'il ne vueille ſouffrir que nous practi-
quions vne pureté plus grande, c'eſt l'endroit ou noſtre conſtance ſe doit mon-
trer pour faire connoiſtre qn'il ne nous
doit ſoucier de deſplaire au monde en
bien faiſant.

<hr>

Troiſieſme obiection que les riches font
pretendans leur eſtre permis vne
plus grande magnificence.

ENfin voicy les riches qui ſe preſen-
tent pour plaider auſſi leur cauſe , ſe
plaignans de ce que nous leur faiſons
ort de les troubler en l'vſage de leurs

biens. Et qu'il n'y à rien de si equitable
que de laisser vn chacun disposer du sien
selon sa volonté , comme des choses qui
luy sont propres. Car puisque Dieu mesme les esleue pardessus les autres, on ne
les doit pas empescher de tenir leur
rang; D'autant que par ce moyen ils publient ses dons & ses largesses. Qu'est la
mesme obiection qu'on faisoit aussi du
temps de Tertullian & de S. Cyprian,
comme il appert de leurs escrits? Et de
vray il ne s'en faut pas estonner , Car
comme il est bien mal-aisé que les riches
entrent en Paradis , aussi ne souffrent-ils
pas volontiers qu'on les range sous la
Loy auec les petits & les pauures. Et ce
furent aussi les belles raisons des Dames
Romaines & de ceux qui plaiderent leur
cause pour lascher la bride à leurs vanitez contre la Loy d'Oppius. D'où vient
que Caton le consul prophetisa que le
luxe & l'abus des grandes richesses de
cette republique seroient cause que toute discipline seroit abolie & la ruine entiere de l'Estat. Or ie respond tout premierement que ce n'est point mon intention de les troubler en leurs biens pour
les raualer au rang des pauures & de ne

En la
guerre
de Ma-
cedo-
nie.

L iiij

leur permettre que le bureau; Car i'ay
affez declaré qu'en cette matiere il faut
auoir efgard aux qualitez des perfonnes
& au degré qu'vn chacun tient en la Cité, de peur de confondre l'ordre & la
diftinction, qui a efté eftablie par le con-
feil & prouidence de Dieu, en la focieté
des hommes; Par ainfi ie confens volontiers qu'ils ayent vn plus grand Eftat felon leur qualité & qu'il leur foit permis
d'vfer de leurs moyens. Mais ce n'eft pas
à dire qu'ils foient pardeffus la Loy &
non fujets aux regles de l'honnefteté,
moderation auffi bien que les pauures &
les petits. Car de protefter d'auoir vne
licence de faire tout ce qui leur plaira de
leurs biens fans regle n'y mefure, il n'y à
point d'apparence, Au contraire il a efté
toufiours pourueu en toute bonne police pour l'intereft du public, qu'vn tel
abandon ne doit pas eftre permis, Sans
obmettre que la parole de Dieu leur
donne tant de belles inftructions du
droit vfage de leur abondance que par là
ils peuuent bien connoiftre que Dieu ne
leu en a pas mis la bride fur le col, ains
que le tout eft foufmis à fa volonté. Pour
ce qu'à mefure que les biens foifonnent

les allechemens auffi s'augmentent &
alors le Diable prend occafion de dreffer
fes pieges; Il n'y à donc point d'apparence de fe difpenfer des regles & de la con-
duite, au contraire Il les faut obferuer
plus eftroitement que iamais. Car qu'elle raifon y auroit-il que la liberté de
Dieu leur fut vn achopement pour s'ef-
leuer en cet abandon & de s'efchaper
apres les foles & peruerfes curiofitez
comme il en arriue aux cheuaux de rom-
pre tous liens par la trop grande nourriture. Et bien ils veulent (fe difent-ils)
donner à connoiftre que Dieu les à be-
nis; A vray dire ce defir eft bon & loüable, car de penfer faire autrement, ce
feroit ingratitude de cacher les faueurs
& liberalitez de Dieu. Mais qui ne voit
que c'eft pluftoft pour tirer gloire de
leurs richeffes que de la r'apporter à
Dieu. Or cette ambition eft le vice que
nous voulons retrancher, quand nous
condamnons leurs pompes & fuperflui-
tez, afin de les reduire à l'humilité, que
Dieu leur recommande & qu'ils ne
foient point hautains; Mais qu'ils fe glo-
rifient pluftoft en leur petireffe & qu'ils
en portent les marques en leurs vefte-

mens, de peur que par les magnificences
externes, le cœur ne s'enfle d'orgueil au
dedans. Mais prenons le cas que leur intention soit bonne de ne cacher point
les benedictions de Dieu, qu'ils suiuent
donc le conseil que l'Apostre leur donne, non d'en achepter des pierreries &
vestemens precieux (car cela n'apporte
aucun profit) mais de les desployer aux
necessitez de leurs prochains à l'exemple
de ce bon Iob, faciles à distribuer, com-
municatifs, reuestans les nuds, nourris-
sans les fameliques & soulageans de
leurs biens ceux qui en ont besoin. Ce
sera par la qu'on verra que Dieu les à be-
nis &s'ils auront l'honneur d'estre riches
non seulement des biens de ce monde (ce
qui leur peut estre commun auec beaucoup de meschans & reprouuez) mais
d'estre riches en bonnes œuures & en
vertu. Et c'est en cette sorte que Salomon dit qu'aux personnes sages les richesses sont comme vne couronne, non
pas en les desployant par ostentation &
vanité sur leurs habits, mais en les des-
pençant en vsages bons & profitables. A
quoy S. Paul adiouste que d'en vser de
la sorte, ce sera faire vn thresor d'vn bon

fondement pour l'aduenir afin d'obtenir
la vie eternelle. Ce n'eſt donc point noſtre intention d'empeſcher les riches de
iouyr de leurs richeſſes comme de choſe
propre & de s'en parer honneſtement ſelon leurs qualitez, mais nous deſirons
qu'ils en vſent ſeulement auec raiſon
tant en leurs veſtemens que aux autres
parties de leur vie.

Quatrieſme obiection que la beauté eſt vn
don de Dieu à laquelle nous oſtons ſes
aydes & paremens.

OVtre cela, on nous replique que la
beauté eſt vn don de Dieu, à laquelle nous retranchons les choſes, qui
luy ſont autant d'aides pour en illuſtrer
ſon excellence. Et que de cette rigueur
il n'en peut proceder qu'vne inciuilité
vilaine entre les hommes. A cela i'oppoſe ce que i'ay declaré cy-deuant en
parlant de l'ornement honneſte des femmes contre la nonchalance & vilanie
d'aucuns, qui les fait aller ords, ſales &
mauſades ſans aucun ſoin. Nous ne ſommes donc point ennemis de la ciuilité,

mais comme en vne extremité nous condamnons le vice , nous desirons aussi
qu'on se garde de l'autre, pour suiure la
voye Royalle de l'hônesteté, mediocrité
& attrempance. C'est voirement vice
que d'estre sale, crasseux & maussade,
mais l'excez, la vanité & dissolution,
qui tire apres soy plus d'inconueniens,
est vn plus grand vice. Et pourtant sous
pretexte de ciuilité , il n'est pas raisonnable d'ouurir vn autre precipice plus
dangereux. Quant à la beauté (ja n'aduienne) que nous ne l'honnorions,
comme vne grace de Dieu speciale , laquelle ne se doit pas mespriser , mais si
on en doit auoir soin , c'est sur tout de
n'en approcher rien qui luy puisse nuire.
Ils appellent les Fards , les Carquans &
autres choses semblables aydes de la
beauté , mais nous disons que ce sont ses
contraires. Ne se pouuant faire que tout
ensemble celle-là puisse estre belle , qui
est en quelque sorte vilaine & difforme
par le vice. Il est donc besoin icy de sçauoir qu'elle est la vraye beauté , quel est
l'vsage de ce don de Dieu , la garde
qu'on en doit faire & ce qui luy est propre ou repugnant. Or pour le regard de

l'homme s'il y à en luy quelque beauté
plus rare, c'est vn don, mais s'il en fait
gloire & s'y plaist ou pense y adiouster
des artifices & en à si grand soin, alors sa
beauté ne luy est plus à honneur, mais à
vice. Car cela n'est point sans presomption & orgueil. Ioint que la Majesté &
dignité de l'homme gist en choses de
plus haut pris. Bref c'est aucunement
dégenerer au sexe de la femme. La beauté (au dire de quelqu'vn) la moins parée
en l'homme luy conuient le mieux & aux
femmes la beauté leur est plus ordinaire
& le soin plus conuenable. Mais pourtant il y faut apporter de la moderation
parce que les vnes ont ce don de nature
plus excellent, les autres n'en ont point
tant, mais elles desirent recouurer par
art & solicitude, ce que la nature ne leur
à pas eslargy. Celles qui ont la beauté
de nature, doiuent d'autant plus estre
prudentes & auisées pour en bien vser &
de tant plus que le don est plus rare. Car
elles ont à reconnoistre d'abord que ce
don là vient de la faueur de Dieu, lequel à voirement ses graces si cheres,
qu'il ne souffrira iamais qu'on leur fasse
iniure & deshonneur tellement que le

plus grand secret est d'en esloigner toutes choses contraires. Or rien n'y peut
estre si contraire que le peché. Car c'est
la corruption de l'œuure de Dieu, qui
est bonne. Il s'ensuit donc qu'elles doiuent estre sages pour discerner ce qui sera du peché ou non. Car mesler là quelque tasche, c'est autant que si contre
vne piece d'ouurage & d'attente, on iet-
toit de l'ordure; Dequoy l'Autheur de
cette beauté n'en seroit pas content. Et
pource il faut qu'elles sçachent que la
beauté du corps est tellement beauté,
qu'il y à cependant vne autre beauté
trop plus precieuse & plus à desirer, c'est
à sçauoir celle qui est en la pureté de l'a-
me, & incorruption de l'homme inte-
rieur, comme S. Pierr en parle. D'où
procede que tout l'Estat de la personne
doit estre aussi net & repurge de tous vices & à l'opposite paré de chasteté de
modestie & de toutes autres belles & ex-
cellentes vertus. Que si ses deux beautez sont ensemble en vn sujet, c'est voirement vn patron de perfection en toute
sorte & maniere, mais sur tout il est necessaire que cette derniere y soit, Car y
estant elle sera suffisante de dõner grace

& luftre à toute la perfonne, corrigeant
ce qui pourroit eftre de deffaut en l'autre. Mais fi la beauté interieure n'y eft,
l'autre n'aura rien d'excellence, non plus
qu'vne fleur qui aura perdu fa verdure.
Ce ne fera plus qu'vn fepulchre blanchy
couurant fous quelque beau ouurage
vne chair puante, où felon que le fage **Prou.**
en parle, ce n'eft rien plus qu'vn anneau **22.**
d'or au groüin d'vne vilaine truye au milieu d'vn bourbier. Tellement que celles qui font cas de leur beauté & en ont
vn fi grand foin, en doiuent auoir encore
beaucoup plus de celle qui gift en la vertu pour la preferuer de toute iniure,
comme eftant celle dont l'autre dépend.
Car lancre ou autre tafche deffus le front
fe pourra bien effacer, mais la difformi-
té qui fuit le vice demeure toufiours ne
laiffant rien d'entier. Et delà nous laif-
fons à iuger s'il eft conuenable de donner
à la beauté du corps, pour aydes de perfection les vanitez, les façons mondaines & diffoluës, comme font les gorges
defcouuertes & autres telles chofes que
nous auons montrées auoir le vice & rien
de la vertu. Car fi ce font vices, il ne fe
peut faire qu'ils ne corrompent l'œuure

de Dieu & n'attachent autant de l'aideur & d'infamie à cette beauté, de laquelle celle du corps prend son honneur
& son luftre. Que s'il y à de la beauté
plus rare és traits, linéemens & propor-
tion du corps en aucunes, il faut que cela les solicite d'auantage à l'eftude de
l'autre beauté premiere, afin qu'il n'y ait
rien qui ne s'accorde & qui ne conspire
tout ensemble à la perfectionner. Car les
belles sont regardées de plus pres &
pourtant c'eft là où la deformité du vice paroift pluftoft, comme au contraire
Si la beauté de la vertu y eft vne fois, elle s'y verra auec plus grande admiration.
Quand le Lapidaire recouure quelque
belle piece D'agate, ou le Sculpteur quelque piece de marbre bien net, la matiere les inuite tout deux de recueillir là
tout ce qu'ils ónt de sçauoir & d'indu-
ftrie, pour y faire quelque plus beau ouurage : De mefme s'il y à en la femme
quelque beauté, c'eft vne table d'attente & vn sujet qui la doit inciter de gra-
uer là auec toute peine & solicitude les
beaux traits de la vertu, pour eftre plus
parfaite ; Non pas que celles qui sont
moins belles, ne s'y doiuent aussi efforcer,

forcer, afin que la beauté de la vertu
amende ce qui peut estre d'imperfection
en l'autre. Mais celles qui ont desia receu ce don de Dieu, doiuent d'autant
plus desirer que ses autres graces l'accompagnent, fuyant comme autant de
pestes les choses contraires. Il y à encore
vn autre point qui doit soliciter les belles à cela, c'est qu'elles doiuent penser
que cette beauté corporelle se trouuè
par experience en des grands dangers.
Et que comme le Diable est l'ennemy
des œuures de Dieu, aussi s'efforce il
d'auantage contre celles, où il y à plus
d'excellence. Cette face si belle & ce
corps si bien composé luy déplaist bien
tant qu'à cette occasion il tasche de ier-
ter contre quelque ordure & d'y faire
quelque playe pour attirer cette beauté
à quelque peché, qui la corrompe. Et de
fait où sont coustumierement les plus
grandes fautes, si ce n'est en celles où
les beautez sont plus rares. Les belles
donc sçachans que ce don de beauté
n'est point sans plusieurs inconueniens,
doiuent en faire plus grande garde &
preuoir le peril pour s'en preseruer ; Car
si la beauté est vne fois au gouuernement

M

des conuoitises mondaines, elle s'en va
perduë ; mais si elle à son refuge aux regles que nous auons proposées de l'honnesteté, elle sera en toute seureté. Or les
dangers en la beauté sont principalement l'orgueil ou l'impudicité & bien
souuent tous deux ensemble. Les remedes à cela sont déuiter soigneusement ce
qui les peut tirer ou à l'vn ou à l'autre,
pour se traiter de toutes choses contraires à la mode des Medecins du corps, qui
prenans garde à qu'elles maladies on est
sujet & aux humeurs qui dominent, ordonnent le viure & le regime de choses
opposées. Car quant à l'orgueil, il n'est
iamais guere loin de la beauté, le fast (ce
dit le Poëte) est volontiers aux beaux,
& l'orgueil va suiuant la beauté. Que si
vous donnez à la beauté les Atours de
l'or, les pompes & les façons qui là mettent plus en veuë, voila de la matiere
nouuelle pour la faire creuer d'orgueil.
Il faut donc luy arracher cela & luy donner plustost ce qui la peut retenir en
crainte & humilité deuant Dieu. Car il
y à en la beauté assez dequoy pour tenir
en crainte le cœur de la femme, si elle y
veut bien penser. Elle est voirement bel-

le, mais auſſi elle eſt d'vn ſexe du tout
vain. Que ſi elle penſe aujourd'huy ſe
glorifier de ſa beauté, elle en ſera de-
main toute honteuſe. Car la fleur du
champ n'eſt point pluſtoſt paſſée, le
temps, les maladies, ou vn mauuais air
laura fleſtrie du ſoir au matin. C'eſt vne
choſe qui ne luy apporte rien de plus
qu'aux putains & Courtiſanes. Leſquelles pour eſtre quelquefois les plus
belles ne ſont pas les plus femmes de
bien. Car en cette beauté la garde &
les incommoditez en effaſſent tout ce
qui s'en pourroit dire de loüange, eſtant
la cauſe de ruine & deshonneur à pluſieurs & meſme en occaſion quelquefois des grandes faſcheries aux femmes les plus ſages & plus ſainctes, comme il en aduint à Sara, à Rebeca & à
beaucoup d'autres. Voila ce que la
femme doit penſer afin d'abattre ſon
cœur & empeſcher qu'il ne s'enfle pour
vne choſe tant incertaine & deffets ſi
dangereux. Mais auſſi eſtant ſage, elle
aura ce ſoin de n'vſer non plus en ſes veſtemens, qu'autres parties de ſa vie,
d'aucune choſe qui puiſſe réueiller cette
preſomption, ou teſmoigner qu'il y en

ait aucunes reliques dedans son cœur
Car c'est le remede à l'orgueil. Or il faut
qu'elle vse d'vne pareille prudence contre les inconueniens de l'impudicité.
Car la beauté sera tous les iours cause de
mal & d'autant plus grand, qu'elle sera
plus grande & plus rare. Non pas que ce
don de Dieu doiue nuire de soy à personne, mais l'homme corrompu la conuer-
tit ainsi à sa perdition. Quelqu'vn à dit
que la beauté est vne Tyrannie de peu de
iours pour les tourmens & les mauuais
effets qu'elle produit tant qu'elle dure.
Vn autre que les Lyons ont des griffes &
des dents, les Taureaux des cornes & les
femmes la beauté. Car le fils de Syrat
dit que plusieurs ont esté deceus par la
beauté de la femme. Et que par icelle
l'amour est enflammé comme le feu par
le bois. Que si les dangers de la beauté
sont grands pour les autres, ils ne sont
pas moindres pour celle qui là. Car ce sera volontiers, où les impudiques feront
leurs efforts. Il y à vne grosse querelle
entre beauté & pudicité (ce dit le Poëte.) Et vn autre que ce n'est point sans
grand peril qu'on garde ce qui plaist &
qui est desiré de plusieurs. Ainsi voit-on

Eclef.
chap. 9.

la belle Helaine dedans les anciennes
tragedies faire ses plaintes sur ses auan-
tures & maudisans la beauté comme vne
chose tres-miserable, pour auoir esté la
cause de tous ses mal-heurs. Ce sont
donc inconueniens, ausquels il faut soigneusement pouruoir. Car si au sujet, qui
est desia tout plein de dangers de soy-
mesme ou va encores adiouster ou les paroles ou les gestes, ou les mondanitez, il
n'en peut arriuer que du mal. C'est pourquoy les femmes doiuent vser des remedes certains pour s'y preseruer. Or ces
remedes sont déuiter toutes façons en
leurs vestemens qui portent des dissolutions ou qu'ils soient indices qu'elles
vueillent plaire & estre desirées. Bref de
n'auoir rien en soy qui ne declaire vn
cœur chaste. Car seroi-il conuenable
que celle qui ne veut donner en soy le
moindre soupçon d'aucune conuoitise
mauuaise, n'y estre cause qu'il y en ait à
son occasion au cœur d'autry, s'en aille
sans discretion se vestir comme les des-
bordées & celles qui prennent plaisir de
voir leur beauté œilladée & poursuiuie?
Plustost seroit-il à desirer, ou que la
beauté fut cachée ou mesprisée, ou sans

M iij

parement que d'estre mise en veuë pour
estre conuoitée & cause de ruine au
moindre qui soit. Si la beauté dit sainct
Chrysostome est sans vergogne, sans
crainte & sans pudicité, ce n'est plus
qu'vn gouffre & precipice ouuert, ou vn
poison composé pour les fols. Par ces
choses chacun peut voir que quand nous
auons desiré de pouruoir aux inconueniens, c'est à tort que l'on nous blasme
d'estre ennemis de la beauté & de luy
vouloir oster ses aydes. Mais tant s'en
faut que par ses vanitez on puisse ayder
à la beauté qu'au contraire, c'est luy nuire, la corrompre & la prostituer. Car la
vraye beauté n'a point besoin d'aide.
Que si elle en auoit besoin, ce seroit des
vertus que nous auons nommées cy-dessus pour luy seruir de rempart contre
tout ce qui la pourroit offencer. Mais
finissons ce propos par les remonstrances de Tertullian, qui dit que quand
nous aurons ce don de beauté naturelle,
que nous la metions en tel estat, que ce
soit hors de crainte & danger. Item, que
la femme Saincte soit belle autant qu'elle l'est de nature, mais qu'elle ne soit
point pour estre en occasion de mal. Et

quand elle le pourroit estre, qu'elle sçache que son deuoir est de l'empescher,
Voila pour celles qui ont de nature le
don de beauté. Quant à celles qui n'ont
pas vn si grand don de nature, encore
n'ont-elle pas plus de raison de se plaindre de nous, quand nous deffendons les
desguisemens & artifices. Car cela n'est
pas les empescher d'estre belles ains empescher qu'elles ne se gastent d'vne deformité plus grande, comme ie pense
l'auoir cy-deuant remonstré suffisamment. Or il faut que tant les vnes que les
autres se souuiennent que les artifices &
parures externes ne sont pas la beauté
ains confessions volontaires (comme
desia il a esté dit) d'argumens de desfor-
mité tant au corps qu'à l'ame. La beauté
(dit S. Bernard) qui se prend auec l'accoustrement & se despoüille auec l'accoustrement, c'est la beauté de l'accoustrement, non pas de la personne. Or
trauailler à vne beauté qui perisse auec
l'accoustrement & qui au despoüiller,
laisse la personne honteuse, c'est prendre
beaucoup de peine & faire grande despence sans profit.

M iiij

Cinquiesme obiection qu'il est vtile à plusieurs de se parer ainsi pour estre plus desirées en mariage.

MAis d'ailleurs on remarque encore icy, que se parer ainsi à l'auantage pour plaire par artifices & façons, il est quelquefois grandement vtile. Car beaucoup de meres presentans leurs filles aux compagnies, ainsi accoustrées, leur ont gaigné des bons partis. Et aussi que les ieunes-hommes ayans esmeu par cét equipage les affections de plusieurs dames, principallement des veufues, qui sont plus en leur liberté, sont enfin paruenus à des grands mariages. De sorte que quand nous condamnons cét Estat, nous ostons aux vns & aux autres les moyens de se pouuoir auancer. Et voila les reproches que les Meres, (qui apprennent à leurs enfans à bien danser) nous font tous les iours. Or ie ne veux pas nier que cela n'aduienne: mais nous sommes sur la question de ce qui est honneste aux Chrestiens: Car il ne s'ensuit pas que toute cause, qui en-

gendre quelque effet & profit, ſoit bonne, legitime, honneſte, & conuenable
aux Chreſtiens. L'amour entre ceux qui
ſe marient commence & s'allume par
des cauſes bien diuerſes, quelquefo is par
rapts & violences, autresfois par frau-
des & circonuentiõs: Et ſouuent par pail-
lardiſes ſecretes, d'autres ſe ſeruent des
breuuages amatoires & charmes. Meſme que i'oſe bien dire, ſelon que les en-
tendemens des hommes ſont abeſtis &
aueugles, & leurs volontez miſerable-
ment aſſeruies à des appetis deſreiglez,
que pluſtoſt ils ſeront menez par le mal,
que par bonnes cauſes & honneſtes à deſirer le mariage auec autruy. Mais ſi ces
moyens la ſont condemnables entre les
gens de bien & du tout à deteſter, combien qu'ils ſoient de profit & que pluſieurs par iceux ſoient paruenus à de partis aduantageux: Ie d'y auſſi qu'il ne s'enſuit pas que ſi par ſes artifices, brauetez
& choſes que nous auons condamnées
en l'accouſtrement, vne fille eſt quel-
quesfois deſirée pour mariage: que ce
ſoient pourtant moyens qui puiſſent
eſtre permis aux Chreſtiens, ayant d'ailleurs tant de vices & inconueniens no-

toires. Voila quant à la chofe en foy. Et
quant au profit qu'ils pretendent, il ne
s'y en trouuera point tant au pres des accidens fafcheux, perils & dommages qui
s'y r'encontrent tous les iours. Le mariage eft d'importance plus grande qu'aucun autre affaire, qui foit en la vie des
hommes : ayant ou vn contentement
heureux pour les parties, ou vn enfer &
mifere continuelle, tant qu'elles feront
enfemble. Et pourtant il efchet bien d'y
proceder auec prudence, pour choifir de
fi bons moyens, qu'il en puiffe fortir vn
mariage vrayement auantageux, non
point tant pour le regard des biens (car
ce font chofes periffables & qui ne peuuent amender les accidens qui furuien-
nent entre les mariez) que pour la paix,
le repos & le contentement qu'il y faut
rechercher. Tous ceux qui acquierent
vne femme n'amenent pas toufiours le
bien & la felicité en la maifon, mais fouuent les noifes, les ruines, la gouftiere
dégouftant affiduellement (comme en
parlent les fages & l'experience le monftre) il en eft autant des femmes qui acquierent des maris. Or ce danger ne fera point, ains pluftoft toute efperance

de contentement, quand l'homme cher-
chera vne femme & la femme vn mary
par le seul moyen qui produira le bien, à
sçauoir la vertu : Car l'homme sage &
vertueux aymera sa femme, ne luy donnera fascherie, la sçaura bien supporter
& pouruoir à toutes occasions de riot-
tes pour les esteindre, la femme vertueuse sera aussi l'honneur & le contentement de son mary. Voila l'auantage
qu'on doit chercher pour paruenir à vn
mariage vrayement heureux. Et les pauures Payens ont bien cogneu cela, comme entre les autres Lycurgus pour l'vne
des plus belles ordonnances qu'il mit en
sa republique, deffendit aux filles l'vsage de tous fards, embellissemens & artifices, afin qu'elles ne fussent point desirées en mariage pour leur beauté, mais
seulement pour la vertu. Car il pre-
uoyoit bien les inconueniens qui pouuoient arriuer aux familles des siens, si
autre cause que la vertu eust engendré
les mariages. Or regardons si ce sera vn
conseil loüable à vne mere, & à sa fille
pour gagner vn mary sage & vertueux,
de la produire en vn Estat d'vne mondaine auec les vanitez d'vne orgueilleu-

se auec les pompes d'vne affettée auec
vne gorge nuë & autres façons d'attraire. Il se trouuera que non ; Car l'homme
sage & de vertu ne fera iamais cas de ces
choses & comme il ne desirera point vne
femme qui ne soit bien vertueuse, c'est
à dire sa semblable , s'accordant à ses
mœurs & complexions ; aussi ne faut-il
point esperer qu'il en aille choisir vne, où
il ne verra que marques d'orgueil , d'impudicité & de vice. Qui fera donc cas
de ces embellissemens & artifices & se
laissera esbloüyr les sens de toute cette
lueur, ce sera quelque pauure Sot &
homme vain , ou quelque vicieux & corrompu aimant le vice. Ainsi voila ta fille
bien pourueuë en ce qu'apres que tu auras fait des grands preparatifs & pris
beaucoup de peine de l'équiper auec
tous ces artifices , comme vn Oiseleur
pour prēdre les Estourneaux à la pipée: il
arriuera que pour tout tu auras acquis vn
sot & vn homme sans vertu à ta fille , à
qui il fera mille ennuis durant sa vie. Que
si pour le commencement, il s'y rencontre quelque chose de mieux , ce ne sera
rien que tu puisses asseurer de voir estre
de durée. Car vn Philosophe à bien sceu

remarquer , que l'amour des nouueaux mariez qui à commencé par la forme & beauté du corps eſt court & de peu de durée. Car les affections qui s'arreſtent à tels objets ſont choſes ſujetes à trop de changemens, les commencemens pourront eſtre ardans, mais celuy-là, qui n'auoit deſiré vne femme que pour iouyr de ſon corps, qui luy ſembloit ſi gentil au premier iour de ſes nopces, viendra à s'en ſoüller peu à peu. Et puis ie vous laiſſe vn peu à penſer quel en pourra eſtre le contentement , quels doutes & ſoupçons ? Et quand la fẽme viendra à penſer, i'ay acquis vn homme, qui à le cœur peu ferme, qui s'eſt bien-toſt eſmeu pour m'auoir veuë ſeulement vne fois parée & gaillarde ? Et que pourra-il faire quand il en verra d'autres, qui le pourront plus ſoliciter que ie n'ay fait ? Comment m'aſſeureray-ie que ſes conuoitiſes que i'ay experimentées en mon endroit & ſi aiſées à s'allumer, ne bruſleront point de l'amour d'autres ? Pareillement l'homme qui aura obtenu vn party auantageux par telles ruſes, ne pourra-il pas entrer en ſemblables craintes & desfiances, quand il ſe repreſentera combien les

femmes sont fragiles & aisées à deceuoir)
Voila donc des semences de diuision. En
somme que peut-on esperer des mariages accomplis ainsi par choses deshonnestes & en intention de tromper les
sens & deceuoir les cœurs pàs ses brauetez & dissolutions ? Certes le mariage est
de l'ordonnance de Dieu, & pourtant
toutes choses y doiuent estre honnestes
& sainctes. Et ceux qui viennent-là, y
doiuent estre amenez d'vn amour reciproque de la vertu & d'vne similitude de
bonne mœurs & complexions. Voila
donc le mariage que Dieu demande &
auquel il promet toute benediction &
faueur. Mais de commencer cette conionction en telle sorte, qu'vne fille s'accoustre comme vne impudique pour eschauffer le cœur de quelqu'vn d'vne sale conuoitise pour iouyr d'elle plustost
par mariages (si autrement ne le peut)
Voila vne tres vilaine entrée, qui ne peut
promettre beaucoup de biens à l'aduenir. Car c'est là prophanation d'vne chose saincte, qui ne se passera pas sans estre
vengée. Or prenons le cas, qu'il se trouue aujourd'huy des mariages ainsi accomplis, qui neantmoins, selon qu'il

plaiſt à Dieu de conuertir le mal en bien,
ſe portent mieux, Il y à pourtant d'autres
dangers pour deſtourner les meres &
toutes autres perſonnes de n'vſer point
d'vn tel procedé. Car c'eſt choſe deshonneſte de faire mal pour le profit
qu'on en eſpere ſuiuant la regle de l'A-
poſtre. Qui porte de ne faire point le
mal, afin que bien en aduienne, ains de
ſuiure les commandemens de Dieu en
toutes nos actions. Or ie vous prie, ou
ſera l'honneſteté, la vertu, la loüange de
la perſonne Chreſtienne, s'il eſt loiſible
de prendre des moyens à quelque prix
que ce ſoit, pourueu qu'il y ait du profit
& de l'auantage? Sans mentir les pau-
uresPayens auront eu plus d'honneſteté
que nous. Et de vray quand ils ont voulu regler les actions des hommes, encores ont ils bien ſceu dire que l'honneſteté doit commander par tout en nos
actions & qu'on ne doit iamais eſtimer
vne choſe vtile, ſi elle n'eſt honneſte.
Que ſi quelquefois il auenoit qu'il ſe
preſentaſt en apparence quelque profit
& vtilité en choſe qui ne ſeroit honneſte à faire, ils conſeilleroient volontiers
de ne l'entreprendre point. Iuſques là

Ad
Rom. 3.

qu'ils ont laiſſé pour cette ſeule raiſon
de belles occaſiõs d'auancer les affaires,
rant de leurs familles que de leurs Republiques. Et quelquefois de choiſir pluſtoſt la mort, que de laiſſer cette taſche
ſur leur renom, d'auoir abandonné l'honneſteté pour le profit. Que ſi les Payens
ont parlé ainſi qu'elle excuſe pourra-il
reſter aux Chreſtiens? Or voyons vn peu
maintenant les fautes que les meres font
pour vn profit tant eſloigné de l'honneſteté. Car quoy qu'il en ſoit, elles veulent marier leur filles richement, mais
elles ne prennent pas garde que ce deſir
de leur auancement, les ſeduit. Pource
que deſirer du profit à ſa fille ſans l'honneſteté, c'eſt reietter tout à fait la vertu, ſi l'honneſteté repugne au profit
qu'elles pretendent. Et en ſuite c'eſt
tomber dans des fautes encore beaucoup plus grandes quand vne mere veut,
que l'accouſtrement de ſa fille, ſoit tellement agencé, qu'il ſerue à eſmouuoir
le cœur & les affections à quelque Iouuenceau de l'amour de ſa fille pour la
conuoiter & en deſirer la iouyſſance,
afin de le tenir lié, & l'amener finalement à la demander en mariage, Que s'il
n'en

n'en peut iouyr autrement, elle voudra
bien encor pour le profit qu'elle pre-
tend que ſa fille deuiſe plus priuement
auec luy : Et s'il eſt encor beſoin pour
l'eſchauffer d'auantage, que les attou-
chemens de ſa fille luy ſoient permis. Or
qu'eſt cela autre choſe que vendre &
proſtituer ſa fille ſous l'eſperance incertaine de luy gagner vn party. Voila vne
honte & à la mere & à la fille : Mais le
danger va encor plus auant, car qui ſe
pourra aſſeurer que la pudiciré de ſa fille
luy puiſſe eſtre entiere, l'ayant ainſi
abandonnée au plaiſirs des regardans,
auec le flambeau en la main pour allumer le feu d'Enfer ? On ſçait le compte
du peſcheur dedans les problémes des
ſages. Ce peſcheur aueuglé de l'amour
du profit & deſirant d'attraire force poiſſons dedãs ſes retz voulut s'accouſtrer de
la peau d'vne Cheure, eſtimant que cét
animal fuſt aimé des poiſſons. Mais le
pauure Sot ne ſe donnant pas garde d'vn
Monſtre Marin, qui ſortoit de l'eau,
fut englouty auſſi-toſt ſous la forme de
cette Cheure. Ce que ledit Monſtre
n'eut oſé faire, ſi le peſcheur eut eſté en
l'Eſtat d'homme pour la crainte que

tous les animaux en ont naturellement.
Si donc la fille se tenoit en l'estat d'vne
fille de bien & honneste , il n'y à conuoitise qui en osast approcher : Mais quand
on luy baille l'accoustrement & les façons d'vne affetée, s'affre & l'asciue pour
s'en aller ainsi tendre ses retz , afin d'en
attraper quelqu'vn: qu'est-ce autre chose que donner occasion aux paillards &
impudiques de venir plus hardiment es-
sayer d'en faire leur proye ? Or il faut
que les meres soient plus sages gardien-
nes de la pudicité de leurs filles & que
les filles ayent leur honneur plus precieux que tous les profits du monde.
Mais il y à encor plus , c'est que pour vn
que la mere tasche par toutes ses belles
inuentions de gaigner pour mary à sa fille cent & cent autres possible en seront
enflammez des conuoitises. Or est-ce si
peu de cas que vostre fille serue de tison
pour faire ardre les cœurs de telles passions que Iesus-Christ appelle pures pail-
lardises deuant Dieu. Quel honneur à
vostre fille qu'elle soit là en monstre,
comme vn sujet , ou les Ieunes hommes
& d'ieux & de pensées se viennent soüiller de crimes si vilains : sous vne vaineat-

tente que quelque ieune sot d'entr'eux
la viendra demander en mariage ? Et
comme ie vien de dire quel danger,
quand les appetits & conuoitises de tant
de personnes seront ainsi irritées, qu'elles ne viennent à s'accompagner de ruses & de moyens pour en iouyr, soit par
violence, soit autrement? Ou que le cœur
mesme de vostre fille portant ainsi les
attraits d'impudicité pour les autres ne
s'y perde elle-mesme ? Oyons l'experience, on trouue escrit qu'vne mere
trouua vn iour Laïs Putain Corinthiene,
à laquelle elle demanda conseil, comme
elle auroit à faire pour garder que sa fille
ne se desbauchast. Le conseil de Laïs fust
qu'elle la gardast d'estre en oisiueté &
ne luy permist d'estre braue & parée.
Cette Courtisanne en parloit ainsi par
les grandes expériences qu'elle en auoit
fait, cõme si elle eust cõfessé que l'oisiueté & les brauetez l'auoient perduë elle-
mesme : Et que les artifices & brauerie
des accoustremens estoient les matieres
& moyens desquels elle s'aidoit pour en-
tretenir le train qu'elle menoit. Car c'e-
stoit l'vne des plus fameuses Putains qui
fut iamais au monde. Et voila les dan-

gers, ou se iettent les meres & les filles quand elles veulent se presenter en ce bel estat pour gaigner des partis. C'est donc le plus seur aux Chrestiennes de prendre l'autre chemin de l'honnesteté & vertu : faisant que les filles de bonne heure soient bien instruites, façonnées à l'humilité & modestie, accoustumées à toutes choses loüables & fortifiées côtre le vice. Les meres en cela feront ce que Dieu leur commande : procurant le salut & l'honneur de leurs filles : Et pour le regard du mariage, elles ne perdront pas ce qu'elles desirent. Car quand les filles auront ainsi vne bonne & sainte nourriture & seront bien sages & bien honnestes, voila le Prophete qui asseure que le pris d'icelles surpassera de loin les perles & tous les thresors du monde. Et par ainsi elles seront desirées, non des fols & hommes vains ou vicieux & impudiques, mais des sages aimans la vertu. Qui sera vn plaisir & vn honneur aux meres & à tout le parentage & aux filles vne conionction sainte & pleine de tout heureux contentement, Voila ce que ie respond à l'obiection de ceux & celles qui sont à marier.

Prou. 31. 10.

Sixiefme obieƈtion des femmes qui pretendent
vouloir complaire à leurs maris par
l'Eftat que nous condamnons.

OR ce n'eft pas peu d'en auoir contre des femmes: par ce que ce n'eft iamais fait. A peine auions-nous fatisfait à celles qui ont des filles à marier que les autres qui ont des maris, font venuës nous quereller à la trauerfe: Car elles difent que c'eft de leur deuoir de fe rendre agreables par tous moyens à leurs maris & à cela elles r'aportent les paroles de l'Apoftre, qui dit que la femme mariée à foin de plaire à fon mary, mefme qu'il eft bon & neceffaire à plufieurs de retenir leurs maris par telles façons de l'acouftrement, lefquels autrement fe pourroient dégoufter d'elles & s'efchapper apres d'autres pour affouuir leurs conuoitifes. Bref que leurs maris veulent qu'elles s'accouftrent de la forte. Mais ie refpons que pour tout cela elles n'ont aucune raifon de penfer s'exempter de l'honnefteté commune, de laquelle nous auons parlé iufques icy. Car

1. Cor. 7.

N iij

elles doiuent considerer à qui les Apostres parlent, quand ils ordonnent que
l'accoustrement ne soit point ny en or,
ny en pierreries, ny en artifices, mais
auec toutes marques de crainte, d'humilité, de modestie, de vergogne & de pureté. S'ils parloient seulement aux filles
à marier & aux veufues il y auroit plus
d'apparence de s'estimer hors du nom-
bre : Mais les Apostres parlent nommement à celles qui ont des maris. Car S.
Pierre les nomme ainsi en donnant les
regles de l'honnesteté des femmes. Et
aussi qu'on voit clairement au passage de
S. Paul, que c'est nommement à celles
qui sont en sujetion des maris & en mes-
nage, qu'il s'adresse. D'alleguer que S.
Paul dit ailleurs que la femme à soin des
choses qui sont du monde, comment elle
plaira à son mary. Et vouloir conclure de
la que tout ce que la femme fera en son
accoustrement soit bon & honneste ;
pourueu que ce soit en intention de plaire à son mary : c'est vne conclusion abu-
siue. Car il s'ensuiuroit que l'esprit de
Dieu auroit enseigné choses contraires
donnant en vn endroit des regles aux
femmes mariées & en l'autre toute li-

1. Pet. 3.

2. Tim,
2.

7. Ch.
de la 1.
aux Co-
rint.

eence. Or il faut pluftoft croire que les
paffages s'accordent tres-bien & que
l'vn eft pour adioufter reglement à l'autre : Car auffi quand S. Paul parle des
chofes qui font du monde, aufquelles les
femmes mariées font empefchées pour
plaire à leurs maris, ce n'eft pas de la façon qu'elles le prennent. Pour ce que ce
mot de monde en ce paffage ne fignifie
pas l'Eftat des hommes corrompus &
perdus, comme il eft pris quelquefois ailleurs : mais fimplement pour l'Eftat de la
vie prefente. En laquelle pour ce qui
concerne le mariage, il y à beaucoup
d'affaires, aufquelles il faut que la femme s'employe pour fatisfaire à tous bons
deuoirs enuers fon mary & luy eftre
agreable, comme l'amitié reciproque,
la fujetion, l'obeyffance & la nourriture
des enfans l'obligent. Si que par ces chofes là il ne fe peut faire autrement que
la femme mariée ne foit aucunement di-
ftraite du feruice de Dieu & de l'eftude
des chofes fainctes en comparaifon de la
Vierge & de celle qui n'a point de mary.
Non pas qu'il vueille dire qu'elle foit encore du monde corrompu à la façon de
celles qui s'accouftrent mondainement.

Car on sçait les regles qu'il donne tant
aux Chrestiens qu'aux Chrestiennes, afin
de ne se conformer point à ce monde là,
desquelles il n'est pas croyable qu'il ait
entendu en dispenser les femmes à cause
de leurs maris; Car les maris que Dieu
leur donne ne sont pas pour empescher
leur salut : mais bien pour y aider. Et de
vray il ne s'ensuit pas que pour estre
jointes à leurs maris, en sortant de la sujetion du pere & de la mere, que pour
cela elles doiuent delaisser Dieu, lequel
demeure tousiours leur Dieu & leur Pere & Iesus-Christ leur Espoux, afin que
là soit principalement leur pensée, leur
soin & leur obeyssance. Et ce seroit vn
deshonneur & tres-grand preiudice au
mariage de vouloir dire qu'il apporte la
dispence du vice & l'exēption de l'honnesteté & pureté requise ailleurs: Mais nous
sçauōs ce que l'esprit de Dieu en prohon-
ce lors qu'il dit, que celles qui se mariēt,
se doiuent marier *au Seigneur.* Et ailleurs
que le mariage est honorable entre tous,
& la couche sans macule & par consequent honneste, saint & non pas vn
Estat de licence & de débordement,
cōme il est entre les Rufiens & les paillar-

des. Car ce ſont termes qui ne regardent
pas ſeulement le lit du mariage, auquel
la conionction des mariez doit eſtre chaſte & honneſte. Mais ce ſont termes qui
donnent Loy à toutes les parties d'iceluy. Tellement qu'il n'y ait rien aux mariez qui ne ſoit pur & net de toute diſſolution & vice. Autrement qu'elle ſeroit
cette honneſteté que le vice fut loin du
lit (où il pourroit eſtre plus à couuert (ſelon le monde & deuant les hommes) &
qu'au leuer du lit, la femme s'en allaſt
prendre vn Eſtat d'habillement tout taſ-
ché & maculé de vices: Attendu que
l'Apoſtre dit au meſme Chapitre que
les femmes alleguent mal à leur aduantage, que celles qui ſe marient,
ſe doiuent marier *au Seigneur.* Car ces
paroles ne ſont pas pour apprendre aux
femmes de faire ſeulement vn beau commencement de mariage & d'y proceder
en la crainte de Dieu, pour puis apres le
mariage eſtant accomply, quitter Dieu
pour ſe donner à ſes conuoitiſes, ou de
celles de ſon mary, Mais c'eſt afin que
tout le cours de leur mariage aille de telle ſorte que l'on connoiſſe que Dieu y
preſide & que les mariez ſont enſemble

pour paſſer leur vie en l'obeyſſance de
Dieu. Les femmes donc ne peuuent pas
pretendre icy plus de liberté pour eſtre
mariées que celles qui ne le ſont point,
n'y ſe preualoir du dire de l'Apoſtre touchant le ſoin des choſes du monde pour
plaire à leurs maris. Car encore ce qui
concerne les affaires du mariage & les
mutuels deuoirs, c'eſt touſiours auec
cette exception que la meſure y ſoit gardée, que la ſainćteté & l'obeyſſance qui
eſt deuë à Dieu aille deuant toutes choſes, voire iuſques-là que ceux qui ſont
mariez ſoient comme ne l'eſtant point.
Mais examinons encore de plus prez
cette obiećtion. Elles diſent qu'elles
s'accouſtrent ainſi pour plaire à leurs
maris. Ie ne ſçay ce que nous en deuons
croire. Parce qu'aux iours qu'elles demeurent en leurs maiſons auec leurs maris, on les trouue habillées plus ſimplement, Mais s'il eſt queſtion de troter &
ſe trouuer en compagnie: l'on tire tout
auſſi-toſt des coffres les ioyaux & veſtemens plus riches, l'on ſe fait le viſage
plus luiſant, l'on prend les façons plus
mondaines & au retour de la maiſon, on
quitte tout cela. Or ie vous prie, puiſ-

que cela se fait qui ne croira que cela se
fait plustost pour d'autres que pour le
mary? C'est le iugement qu'en fit iadis
vn certain Philosophe. Si la femme se
pare pour son mary (disoit-il) que ce soit
pour la maison. Car les ornemens qu'elle prend lors qu'elle sort dehors, sont
pour autres que pour son mary. Et bien
n'y en a-t'il pas assez pour rendre leur
conscience suspecte? Car si ce n'est pour
plaire à d'autres, pour le moins c'est
pour faire parade de soy, ce qui n'est
iamais sans ambition & orgueil. Mais
passons outre & accordons que la femme veut plaire à son mary, le desir de soy
est loüable, Pourueu qu'elle prenne
les vrais moyens de luy plaire, lors qu'elle luy rendra tous bons deuoirs de sujetion & d'obeyssance, qu'elle sera douce
& gracieuse, supportant les desfauts de
son mary, qu'elle aimera ses enfans, qu'elle se portera par tous les Gouuernemens
de la maison, en vn mot qu'elle sera
studieuse de la vertu & ennemie du vice.
Voila la voye de plaire à son mary, qui ne
faut iamais. Car s'il y à cause de luy des-
plaire, ce sera de faire chose qui le con-
triste en luy mettant des doutes & soup-

çons en son cœur, à quoy le Diable ne
fallira iamais d'aider pour troubler le
mariage, mais pourtant les vertus susdites seront autant de rempars contre toute crainte ; Car au dire du Sage cette
femme là sera la courône de son mary, sa
gloire & son honneur par tout, voire vn
thresor surpassant toutes les richesses
du monde : Car c'est ainsi que la parole
de Dieu en parle, & ne faut point douter que le mary ne sente cét heur & par
consequent qu'il ne la prise, qu'il ne la
cherisse, qu'il ne l'aime qu'il n'y ait son
contentement & son plaisir: car la vertu
n'est iamais oisiue, Aussi le Sage asseure
que quand la femme sera telle son mary
l'aimera, la loüera & la publiera par
tout pour faire paroistre le contentement qu'il en ressent dans son cœur. Auquel cas S. Pierre adiouste que le mary luy doit mesme porter de l'honneur
comme au vaisseau le plus fragile & comme ensemble heritiers de la grace de vie:
afin que leur oraisons ne soient point em-
peschées. Mais ie demāde en quel deuoir
se mettra la fēme pour obliger son mary
à luy porter de l'honneur. Ne sera-ce
point en se parant pompeusement & en

tortillemens des cheueux, toute chargée de pierreries & dorures sur son col,
Au contraire ce sera en despoüillant toutes ces façons mondaines pour se reduire
à vne vraye modestie & simplicité. Car
S. Pierre asseure que ces femmes là, qui
auront des maris fascheux & rebelles à
Dieu, que leur vertu aura tant de force
qu'elle fera que non seulement leurs maris les respecteront, mais qu'ils seront
gagnez à Dieu. Si donc les femmes alleguent icy que tout leur desir est de plaire à leurs maris, en voila les moyens.
Que si d'ailleurs elles cherchent de plaire par leurs beautez, paremens & façons propres à personnes l'assiues, il est à
craindre qu'il ne s'en ensuiue tout le
contraire: Car le mary sera ou mondain,
ou vertueux, si vertueux il aura en mespris les vanitez, il aura le cœur chaste,
ne prisant rien que l'honnesteté & la
vertu, & par consequent il ne pourra
voir sans fascherie sa femme mondaine &
addonnée au luxe & en l'estat d'vne
femme l'asciue. Si le mary est mondain,
il y pourra prendre du plaisir pour quelque temps. Car cette beauté, quoy que
la femme s'efforce de la retenir par ses

artifices, s'esuanoüira peu à peu, Que
s'il n'a point de meilleure cause pour aimer sa femme, il y à danger qu'auec le
plaisir l'amour venant à se flestrir, il ne se
change en vn triste desdain comme il arriue souuent. Possible aussi que le plaisir
ne se passera pas sans vne compagnie fas-
cheuse. Pour ce que celuy qui fait si
grand cas de la beauté de sa femme & y
prend tout son plaisir, ne sera point sans
crainte de jalousie, ainsi que l'experience le fait voir. Que si auec cette beauté
le mary s'apperçoit que sa femme soit regardée & œilladée en compagnie des
vns & des autres, par ses façons attrayã-
tes & affectées, delà le pauure homme
aura à soustenir des soupçons biens fascheux. Tellement que celle qui pensoit
luy plaire par cét Estat, luy fournira
d'autant de sujets de douleur. Et puis la
femme ainsi mignardée & qui à toutes
ses affections à se parer, n'aura pas volontiers grand soin des affaires de la maison, pour ce que le temps s'en ira en ses
attiffemens & artifices. Par ainsi voila les
principaux deuoirs du mariage delaissez
& quant & quant la ruine de la famille
toute prochaine. Et puis telles beautez

n'aideront pas beaucoup à rendre la femme souple & humble. Car apres l'orgueil
viendra le desdain & le mespris de son
mary & par consequent noises & riotes
tous les iours. Tout cela donc ne peut
qu'engendrer de la tristesse & de la fascherie. De sorte que ce n'est point par
ces moyés-là que les fémes doiuent plaire à leurs maris. Que veulent-elles donc
faire, c'est de retenir les cœurs de leurs
maris & empescher que leurs affections
n'aillent ailleurs, bref qu'elles veulent
eschauffer les conuoitises de leurs maris
pour venir prendre du plaisir auec elles
seulement. Que si pour faire brusler d'a-
uantage les cœurs de leurs maris de conuoitises d'elles-mesmes, il faut qu'elles
ayent cette licence d'vser des façons
d'attraire & de se vestir en Putains, sans
qu'on les oblige aux regles de la modestie & honnesteté Chrestienne. Ie crains
fort qu'elles ne se hasardent finalement
de donner tout d'vn train des breuages
& autres compositions à leurs maris
(comme il s'est fait autrefois & se fait
encore par quelques-vnes) pour resueil-
ler leurs desirs desreglez & en auoir de-
sordonnement le plaisir auec eux : Que

ſi les femmes eſtoient menées en quelque ſorte de cette fin là , ſans mentir on
ne pourroit pas nier qu'il n'y eut de l'impudicité, laquelle ne ſe pourroit pas ex-
cuſer en aucune façon , Ce ſeroit faire
vn outrage manifeſte au mariage , per-
uertiſſant l'vſage pour lequel Dieu la in-
ſtitué & les y à miſes : Car il a eſté ordonné , non pas pour faire ardre les conuoitiſes & appetits deſreglez , mais pour remede à les amortir & eſteindre. Et qui
en vſeroit autremēt ne feroit pas grande
difference entre le mariage & le bordeau.
De fait il ne s'en faut pas beaucoup
pour rendre la femme coupable d'impudicité deuant Dieu , ſi elle eſt impudique
& l'aſciue auec ſon mary ou auec vn autre, Il faut donc qu'il y ait vne plus grande pureté & honneſteté aux femmes
Chreſtiennes : Car ſi au mariage ces excez & diſſolutions d'habits ne peuuent
ſeruir d'autre choſe que d'en exciter les
conuoitiſes, ce ſeroit leur honneur &
celuy du mariage de s'en deſiſter tout à
fait. Mais elles diſent qu'elles craignent
que leurs maris n'en aiment d'autres ,
que c'eſt la meſme difficulté qu'on pro-
poſoit iadis à S. Chryſoſtome comme il
se

se void par ses escrits. Or ie respodns
qu'il ne faut pas que les femmes se donnent legerement telles craintes, lesquelles ne peuuent estre que semences des
ialousies & des tourmens en leurs esprits. Si Dieu leur fait la grace d'auoir
des maris fidels & gens de bien , elles
seront hors de crainte. S'il arriue que
leurs maris soient autres & qu'elles leur
ayent donné sujet de quelque soupçon,
ce remede qu'elles prennent de se vestir
mondainemét , n'est en rien propre pour
le leur oster. Car à des maris impudiques proposer encore des façons lasciues
& plus conuenables aux Putains, ce n'est
pas guerir le mal , ains c'est le fomenter
& le nourrir ; c'est , dis-je , les accoustu-
mer à leurs plaisirs, qui les meneront par
tout , où ils les penseront estre. C'est
vouloir en somme , que les maris soient
vains & amateurs de dissolutions. Or les
femmes trouueront en cela le rebours
de leur attente ; car quand mesme leurs
maris seroient plus chastes, certes telles
procedures seroient assez bastantes pour
les corrompre. Car leurs femmes les
ayans vne fois embrasez par ces artifices
des desirs & conuoitises, il y auroit dam-

ger qu'apres ces embrasemens, ils ne se contentassent pas de leurs femmes. Tellement qu'en toute maniere le conseil de S. Chrysostome sera tousiours le plus expedient. Femme, dit-il, n'apprends point à ton mary de prendre plaisir à considerer ta face. Car s'il s'accoustume vne fois à contempler & aimer telles beautez, il sera puis apres aisément surpris par le regard attrayant d'vne Putain. Mais si tu luy apprens par vne sainte conuersation de voir en toy les bonnes mœurs, l'honnesteté & la pureté, il ne courra pas volontiers apres les paillardes. Or les femmes repliquent que les Maris leur commandent de s'habiller ainsi, c'est l'ancienne excuse d'Adam & d'Eue, les hommes s'excusent de leurs dissolutions sur leurs femmes & les femmes sur leurs maris. Mais comme l'on proposoit cette excuse à S. Chrysostome, il commença de s'escrier ainsi : O le sot mary, qui ne desire plustost que la femme soit parée de vertu, d'autant qu'il n'y a raison aucune au mary pour desirer cela. *Primò*, vouloir que sa femme soit reuestuë de pompes & superfluitez, c'est vouloir que sa femme soit fiere & or-

Sur la premiere Epistre à Timot.

gueilleuſe & en ſuite de n'eſtre point
humble & ſujete à ſon mary, comme l'A-
poſtre le commande. *Secundò*, le mary
qui veut cela, veut ſon malheur faiſant
vne ouuerture à des deſpences qui luy
cuiront auec le temps. C'eſt ce que M.
Porcius Cato, remonſtroit ſagemét contre les Dames Romaines, que quand le
mary accouſtumera ſa femme à ces excez
elle l'aura bien-toſt eſpuiſé des deſpences & en danger, diſoit il, que quand
le mary s'en laſſera & ne luy en voudra
plus fournir, elle ne s'en aille à d'autres
pour en auoir. Que ſi le mary veut que ſa
femme ſoit mondaine parée d'affecteries
& façons attrayantes, il en pourra arriuer encore pis. Car voulant prendre
plaiſir à cela, il donnera auſſi plaiſir aux
autres, leſquels ayans du gré du mary
part au plaiſir, s'eſſayeront d'auoir part
au reſte. Et ce fuſt la déplorable auan-
ture d'vn Roy de Lydie nommé Can- Hero.l.
dautes, lequel fut tellement affolé de la l.
grande beauté de ſa femme, qu'il luy
ſembloit adiouſter à ſon contentement
s'il la faiſoit voir toute nuë à vn ſien amy
nommé Gyges, Dequoy il aduint que
la femme, eſtimant que ſa pudicité

O ij

estoit prostituée du gré de son mary à
cét estranger, se delibere de se donner à
luy, Gyges d'autre part n'estiment pas
que le Roy luy eut voulu faire voir sa
femme en cet estat que pour luy en faire
part, leurs conuoitises s'allumerent tellement de part & d'autre que conspirans
tous d'eux ensemble contre la personne
du Roy, ils luy firent perdre la vie & le
Royaume tout ensemble. Ce sont des
inconueniens à craindre. Le mary veut
que sa femme s'accoustume comme vne
dissoluë & qu'elle vse d'artifices at-
trayans, la gorge, le sein à descouuert &
les cheueux entortillez qui sont les plus
nobles parties. Le danger est que la femme estimant que son mary veut qu'elle
donne du plaisir aux autres & les autres
concluans que le mary la leur presente
en tel estat à cét effet, s'eschauffent aussi
auec plus d'esperance pour y auoir aussi
leur part. Voila donc des dangereux maris, que si par malheur les femmes faisoient aujourd'huy rencontre de tels maris si Sots & si mal appris, elles doiuent
estre plus sages. Car encore qu'elles
ayent commandement de leur obeyr par
la parole de Dieu, c'est pourtant auec

exception & à l'exemple de la prudente
Abigail. Dont l'histoire est escrite au
Chap. 25. du premier des Roys. Qu'est
tout ce que i'auois à respondre à present
sur les obiections des femmes.

C'Est merueilles de voir qu'on amas-
se encore icy des passages de l'Escriture pour monstrer que la liberté a
esté plus grande, mesme entre les gens
de bien & de vertu, que nous ne la donnons icy. Nous respondons que les regles de la sobrieté & honnesteté, que
nous auons enseignée, ne sont point de
nous, mais des Apostres, c'est à dire de
l'Esprit de Dieu, qui à parlé par eux: Et
que ce sont regles proposées à tous, afin
qu'vn chacun les obserue. Recourir aujourd'huy à des exemples particuliers, ou
les Loix sont expresses pour y practiquer
quelque exemption : ce seroit vn tesmoignage des cœurs reuesches & d'esobeys-
sans à Dieu. Ce sont exemples des faits,
qui ont leurs causes en certaines circon-

stances , hors lesquelles ils n'ont plus de
lieu. Aussi ne sont-ils pas recitez pour
estre imitez , sinon autant que toutes
causes semblables pourroient se presenter. Bref la regle de prudence est sur
tout requise lors qu'il est question des
choses sainctes. Où les faits particuliers
ne sont rien contre la Loy & le commandement expres. Et d'ailleurs nous
ne deuons pas douter que lors que les
Apostres ordonnoient les reglemens que
nous auons deduit cy-dessus, qu'ils ne
fussent bien instruits de toutes ses choses
qu'on pouuoit alleguer au contraire &
toutesfois ils ont passé outre & estably
la Loy. On allegue que les saints Roys
& autres seruiteurs de Dieu, qui estoient
en dignité prochaine du Prince , ont vestu l'or & les grandes magnificences.
Nous l'accordons, mais c'estoit pour
vne circonstance qui n'est pas commune
à tous , à sçauoir pour les qualitez de
leurs personnes. Aussi auons-nous dit
desia que ceux qu'il plaist à Dieu d'esle-
uer, ont ce droit de porter les marques
de leur grandeur en cette maniere, si
bon leur semble, toutefois ç'a esté en
gardant tousiours les regles communes,

afin qu'il n'y eut point d'excez n'y d'orgueil. Mais il ne s'enſuit pas que ce qui a
eſté licite & expedient aux ſeruiteurs de
Dieu de ce qualibre , ſoit indifferemment permis à vn chacun. Car les circonſtances & qualitez ſont diuerſes, qui
font que telle choſe a eſté auec ſobrieté
& modeſtie en ceux-là , qui ſeroit excez
inſuportable aujourd'huy aux autres, Entre tous les Roys, Salomon a eſté le plus
magnifique & le plus riche & le plus
abondant en l'vſage de toutes choſes
precieuſes. Mais encor y auoit-il en cettuy-là vne porticularité qui n'eſtoit
point aux autres: Car Dieu vouloit que
ſon Eſtat fut figuré de l'Eſtat ſpirituel de
Ieſus-Chriſt & de ſon regne, pour le regard de l'abondance , varieté & excellence de tous biens & graces ſpirituelles
qui ſeroient là. Tellement que ſi les
Roys meſmes vouloient prendre exemple ſur Salomon pour paſſer la meſure &
exceder ce que la ſobrieté leur permet,
l'imitation ne ſeroit pas bien fondée,
Sur cét Eſtat des Princes;il aduient quelquefois que la deſcription des grandeurs
& richeſſes de l'Egliſe eſt faite , mais non
pas que l'Eſtat des fideles & Chreſtiens

Cant.
de Ca-
tiques.

O iiij

doiue estre en or, en pierreries & autres
magnificences. Car ce sont comparai-
sons toutes claires, par lesquelles (comme ie vien de dire) les richesses spiri-
tuelles , les dons & graces de l'Esprit de
Dieu sont dépeintes & que Dieu deuoit
espandre sur les croyans. Afin que laissans cette gloire externe, à ceux, ausquels elle est plus supportable, nous desirions les richesses qui sont plus propres
à nos esprits, esquelles consiste nostre
salut. Voila quant à l'Estat des Roys &
Princes. Il y en a, qui ne sont point hon-
teux de nommer icy nostre Seigneur
Iesus-Christ, alleguans qu'il a eu aggreable que quelques femmes soient venuës
à luy auec des parfums precieux, l'vne
pour les espandre sur ses pieds & l'autre
sur sa teste. A dire vray, il y à bien dequoy
s'esbahir icy que le Saüeur du monde
soit mis en ieu pour exemple des excez
& superfluitez des hommes. Duquel on
sçait combien la vie a esté d'vne sobrieté
tant estroite en toutes choses & en tout
son Estat si esloigné de toutes pompes
par vne pauureté volontaire. A quoy si
ses deux faits semblent repugner : pour
le moins la reuerence que nous luy de-

uons, doit retenir le iugement des hommes iusques à tant qu'on leur en appren-
ne les causes, sans se precipiter ainsi en
tel blaspheme pour alleguer que par son
exemple, il ait voulu donner cours aux
vanitez & dissolutions des hommes. Or
les causes sont du tout particulieres &
extraordinaires. Car l'vne de ces femmes pour tesmoigner sa repentence &
l'amour duquel elle embrassoit en Iesus-
Christ la grace, qu'il luy auoit faite de la
remission de ses pechez: vient auec larmes respandre à ses pieds ce qu'elle
auoit de precieux & à voüer à son honneur les choses, desquelles elle pouuoit
auoir abusé, cependant qu'elle estoit fole & de mauuaise vie. Si Iesus-Christ à
ce fait agreable, ce n'est pas pour l'effusion du parfum, mais pour ce que c'e-
stoit vn grand tesmoignage à toute l'assi-
stance de repentance & d'hommage en
cette femme. Marie aussi sur le temps de
l'emprisonnement de Iesus-Christ, vient
espandre le parfum sur la teste. Cela n'est
pas trouué bon des Disciples mesmes
toutefois il l'approuue, mais aussi il en
donne quant & quant les causes, disant
que ce n'estoit point sans le conseil de

Dieu, que cette femme faisoit ses choses
ains pour faire honneur à sa sepulture &
auancer desia la gloire de sa Resurre-
ction. C'est don ce conseil & cette fin
que Iesus-Christ approuue & non pas
l'effusion du parfum simplement. Or ses
faits ayant des particularitez si expresses,
ne doiuent pas estre tirez en imitation,
n'y faire preiudice à ce Patron & exem-
plaire de toute frugalité & modestie, que
Iesus-Christ à fait luire deuant nous, tout
le cours de sa vie. Et luy-mesme au fait
de Marie declaré que le fait estoit ex-
traordinaire & qui n'arriueroit plus,
mais bien que nous aurions tousiours les
pauures auec nous : signifiant par cela
que voirement c'est enuers les pauures
que nous deuons employer nostre abondance, non pas en superfluitez. Au fait
pareillement de la femme pecheresse,
s'il y à chose pour imiter, c'est qu'en reconnoissance des grandes misericordes
de Dieu enuers nous (comme l'Apostre
le dit) nous luy venions offrir à ses pieds
en hommage solemnel, nous mesmes &
tout ce que nous auons de plus cher &
precieux. Mais on replique pour les
odeurs & onguens precieux que l'vsage

Au 12.
des Ro-
mains.

en a esté tout commun parmy le peuple
comme il est aisé de le faire paroistre par
beaucoup de passages. Ie n'en veux
point débattre. Car ce sont des creatures de Dieu & fruits de sa liberalité pardessus les necessitez communes de la vie
& quelquefois bien propres à la santé,
pourueu qu'on en vse rarement. Et
pourtant nous n'empeschons point que
l'vsage ne soit encore entre nous, mais
que ce soit autant que les regles de la sobrieté & de l'honnesteté le pourront
permettre auec ses conditions. Dont la
premiere sera que l'on fasse difference
des choses naturelles (qui sont pour res-
joüyr l'homme, conforter le cerueau &
aider en quelque sorte à la santé) d'auec
les fards, que l'impudicité & vanité des
hommes n'a inuenté à autres fins, que
pour rendre vne face plus attrayante,
changer auec outrage l'œuure de Dieu
& mendier vne vaine beauté, au dommage quelquefois de la santé & au deshonneur de l'integrité de la personne.
De plus que l'on obserue les diuerses circonstances des lieux & des temps. Car il
est certain qu'entre les Orientaux, iadis
l'vsage en estoit tout ordinaire & se pra-

ctiquoit sans offencer l'honnesteté commune. La raison pouuoit estre en la chaleur du pays, contre laquelle ils trouuoient du secours en cette façon de soindre d'huile & autres matieres tant simples que composées. Cela estoit principalement de la magnificence des Roys, qu'est la cause pourquoy, Dauid les nomme plusieurs fois en ses Pseaumes pour vn article de sa grandeur & abondance que Dieu luy auoit donnée. Aujourd'huy cette coustume de soindre n'est point icy, pource que les lieux ne le requierent point. Car si quelqu'vn vouloit prendre pied en ce qui se faisoit alors entre les Orientaux pour introduire icy la coustume doignemens d'huile & des parfums, ne seroit pas receuable. Car ce seroit exceder en ce qui est bien-seant selon les circonstances. Mais il faut qu'on prenne garde qu'en l'vsage de ses choses, qui autrement pourroient estre permises, il ne s'y fasse rien qui apporte du preiudice à l'honneur de nostre sobrieté & chasteté. Et c'est la troisiesme circonstance que ie pose icy? Car s'il se trouue que l'vsage des huiles, des onguens & des parfums, n'est point si neces-

saire icy, il ne sera non plus expedient
d'en vser ; Et de fait ce n'est pas d'aujourd'huy qu'en nostre Europe la curiosité des parfums a esté estimée plus propre aux mignons & effemines, qu'à gens
graues & de valeur. Lycurgus en sa republique fit deffence de tous parfums & de
tels onguens. Si bien qu'à voir vn homme parfumé, c'estoit vne infamie aussi
grande qu'à vne femme d'estre impudique. Cette deffence fut aussi à Rome durant sa splendeur premiere, où la corruption venoit si grande en beaucoup de
choses qu'à dire vray c'estoit vn deshonneur & vn reproche aux ieunes-hommes de soindre & porter les parfums. Et
pour le iourd'huy ceux de deça (s'il faut
parler selon le commun prouerbe) ne
sentent pas tousiours bon, qui sentent
tousiours bon, c'est à dire, que ceux qui
font estat de tant des senteurs & parfums, ne sont pas en guere meilleure
odeur & reputation entre les gens sages
& attrempez. La raison de Lycurgus (en
la deffence qu'il en fit) estoit que telles
drogues reueilloient les vices & nous le
voyons par experience & par trop. Car
si quelquefois elles font mal à la teste,

elles en font encore beaucoup plus à la bourſe. Or pour cela nous concluons que les odeurs & parfums de ſoy ſont bien dons de Dieu & que l'vſage en peut auoir eſté en certains lieux & en certains temps ſans reproche, Mais les circonſtances eſtant autres aujourd'huy entre nous & les effets plus à craindre, il ne s'enſuit pas que du fait des autres, qu'on nous allegue que nous en puiſſions vſer egalement, Si donc on en vſe que la ſobrieté y ſoit ſi eſtroite qu'elle couure ce qui pourroit eſtre ſans reproche ailleurs. Ie reuiens maintenant au port de l'or & matieres de prix, ſur ce qu'on replique que non ſeulement l'vſage en a eſté entre les grands Princes, mais entre les autres de plus bas Eſtat, comme il ſe peut iuſtifier par exemples de l'Eſcriture. Ie reſpon qu'auſſi i'ay bien fait aſſez entendre cy-deuant que mon intention n'eſtoit pas d'interdire tout vſage de telles matieres plus precieuſes, ains de l'aſſujetir aux regles de l'honneſteté, afin que l'on ne peruertiſſe par quelque abus ce qui ſeroit autrement plus ſupportable. Car ſi les gens de vertu en ont vſé, il ne faut pas faire douté

que ce n'ait esté auec cette prudence &
moderation hõneste, autrement il n'eust
pas esté approuué. Car aussi voyons-
nous combien les Prophetes se sont
courroucez, quand en quelque sorte les
hommes y ont passé la mesure. Et puis il
nous faut tousiours regarder aux circonstances. Car selon que nous sommes
plus prez du salut & en vne lumiere plus
esclattante, comme celle de l'Euangile,
nous deuons beaucoup mieux connoistre la vanité des pompes & auoir le
monde auec ses conuoitises en plus grande auersion que les autres. Car aujour-
d'huy l'orgueil & l'ambition bruslent
les cœurs des plus petits, car le monde
est plus vain que iamais. Or la raison
veut qu'en telles occasions, l'on nous
tienne les regles plus estroites. Et comme aux petits enfans & aux fols, on oste
ce qui seroit laissé auec moins de crainte
entre les mains des plus discrets, qu'aussi en cét endroit on nous met hors des
mains beaucoup de matieres, qui ne ser-
uiroient qu'à irriter & esgarer d'auantage nos cupiditez. Voila ce qu'il faut considerer en tous ses exemples. Mais quãd
on examinera encore de plus pres les cir-

constances d'vn chacun fait, il s'y en
trouuera tousiours de telles qu'on pourra bien iuger que ce seroit contre toute
prudence d'en faire des regles toutes
communes. Prenons l'exemple du fait
de Rebeca, que le seruiteur d'Abraham
connoissant, deuoir estre celle que Dieu
addressoit pour femme au fils heritier de
son Maistre, tira des brasselets auec des
bagues d'or pour les luy presenter. Rebeca les reçoit sans faire difficulté de les
porter iusques à la presence de son frere.
Pource que c'estoit plustost pour vne al-
liance qu'on contractoit que pour ostentation & vanité. Que s'ensuit-il de cela,
que tous Carquans Atours, Pierreries,
& artifices des femmes d'aujourd'huy
soient permis ? Certes ce seroit estendre
l'exemple trop loin. Premierement Rebeca n'estoit point vne mignarde & delicate ou vne glorieuse qui desirast d'estre
en monstre auec ses paremens pour en
faire Estat, au contraire elle auoit les
mains à la besogne & à la peine, iusques
à penser le bestail, tirer de l'eau & porter
la cruche. Or que les femmes d'aujour-
d'huy qui debatent tant pour leurs chaisnes & ioyaux, l'ensuiuent en cela, nous
serons

Genes.
24.

ferons bien-toſt hors de querelle. Car
elles trouueront que leurs pompes &
curioſitez ne s'accorderont guere bien
auec la beſogne. Bref ſes choſes ſe faiſoient entre perſonnes honneſtes & craignans Dieu, qui n'euſſent pas voulu exceder les bornes de la ſobrieté & modeſtie. Voila comment ſi l'exemple de Rebeca eſt bien examiné, il ne fauoriſera
en rien les diſſolutions & ſuperfluitez de
nos mondaines ? Et quand on voudra
nous oppoſer d'autres exemples au contraire, il n'y aura rien de mieux pour leur
deffence. Car S. Pierre reſpondra en ſa
premiere Chap. 3. pour nous Diſant que
celles-là, ne ſont pas à imiter, mais bien
Sara & autres ſainctes femmes qui s'accouſtrent modeſtement. Par ainſi tous
les exemples du monde ne peuuent apporter aucun preiudice à nos reglemens.

---

*Confirmation de toutes les choſes deduites
en ce traicté par le paſſage du troiſieſme
Chapitre d'Eſaye.*

OR combien que ie ſois aſſeuré,
qu'il ne ſe trouuera rien en ce Trai-

été que bien fondé en la parole de Dieu,
à laquelle nous faifons profeſſion de
rendre obeyſſance & que par les refpon-
ces que ie viens de faire, il y à dequoy
ſatisfaire à toute perſonne raiſonnable,
Ce neantmoins ie ne fay pas doute qu'il
ne s'en trouue pluſieurs qui reietteront
ce joug, ſe faiſans accroire qu'il n'y à pas
ſi grande offence en leur façons que
nous reprenons icy, mais que c'eſt vne
rigueur & importunité tout enſemble,
qui vient de nous autres Eccleſiaſtiques
& laquelle ils peuuent reietter ſans
crainte. Pour cela, ie veux bien leur
propoſer (auant que de conclure) le teſ-
moignage du Prophete, afin qu'ils ſça-
chent qu'il n'y à rien du noſtre ; Et que
nous ne ſommes que ſimples expoſiteurs
des commandemens d'vn plus grand
Maiſtre qui eſt noſtre Dieu. Et que s'il
leur arriue d'auoir en meſpris les regles
de l'honneſteté que nous enſeignons, ils
auront affaire à luy, qui en a les puni-
tions toutes preſtes pour en faire ven-
geance, ſelon qu'il eſt porté par le paſſage dudit Prophete conceu auec menaces
en ſes termes. Et le Seigneur à dit, puiſque les filles de Syon ſe ſont eſleuées &

Mena-
ces du
Pro-
phete.

ont cheminé le col estendu & les yeux
afferez & ont marché se guindant &
branslant & font resonner leurs pas : le
Seigneur deschevelera la teste des filles
de Syon & le Seigneur descouurira leurs
parties honteuses. En ce iour là le Seigneur ostera l'ornement des Escarpins,
& les coëffes & les lunettes & les flac-
connets & les brasselets & les attours
& les templetes & les jarretieres & les
carquans & les bagues & les oreilletes,
& les anneaux & les rourets de nez &
les roquets & les mantelets & les guim-
ples & les bourses & les miroirs & les
toiletes & les diademes & les couure-
chefs. Et au lieu de souefue odeur, il y
aura puanteur : & au lieu de ceinture
rompure & pour la façon de la tresse,
pelure & pour les corsets le sac, au lieu
de beau taint bruslure. Aussi tes hommes cherront par l'espée & ta puissance
en la guerre. Et les portes d'icelle se
plaindront & lamenteront & sera assise
à terre, comme desolée. Et en ce iour là
sept femmes prendront vn homme seul,
disans, nous mangerons nostre pain &
nous vestirons de nos habillemens : seulement que ton nom soit reclamé sur

P ij

nous & oste noftre opprobre. Voila
Dieu qui parle : & nous efperons que
ceux qui font fi peu de cas de nos remon-
ftrances donneront finalement gloire à
Dieu, fi en leurs cœurs y refte quelque
crainte d'iceluy. Pour le moins ils peuuent voir de qu'elle importance eft cefte
affaire & qu'il ne feruira rien de plaider,
quand la fentence eft defia donnée irre-
uocablement, par celuy en qui l'execu-
tion ne peut eftre empefchée. Il femble
aux femmes que nous fommes trop fcru-
puleux & trop curieux rechercheurs de
leurs befognes; Si feulement nous parlons de leurs perruques : Mais il faut
qu'elles fçachent que Dieu ira bien plus
auant & qu'il n'y aura rien en leur eftat,
iufques à vne efpingle qu'il ne voye,
qu'il n'examine & ne couche en l'infor-
mation pour leur faire le procez. Elles
fe plaignent que nous leur faifons tort de
dire qu'elles foient vaines & curieufes:
Ces femmes de Hierufalem en pouuoient dire autant : mais voila Dieu qui
en prononce & prend la peine de faire
vn inuentaire par le menu de leur baga-
ge pour les conuaincre. Car à quoy fer-
uent tant de chofes qu'elle en eft la ne-

cessité ? ou est-ce que l'honnesteté les
demande. N'est-ce point vne pure vanité de n'auoir iamais de contentement
en tant de besognes inutiles? De remplir
ses coffres & cabinets de tant d'inuentions? Si nous disons que tant d'artifices
& superfluitez en leur estat ne peuuent
estre (pour le moins) sans apparence
d'impureté, de dissolution & d'orgueil:
Elles se plaignent alors que nous faisons
tort à leur honneur & qu'il n'y à rien de
tous ces vices en leurs cœurs, les femmes de Hierusalem n'estoient point aussi
sans ces excuses, Mais voila Dieu luy-
mesme, qui est le Iuge & qui tranche tout
court ces subterfuges prononçant que
les cœurs & les affections ne sont point
pures deuant sa face ; où se trouue vn tel
amas de superfluitez. Et puis il examine
le port, la contenance & les façons qui
les accompagnent. Car il n'est pas possible, quand la personne est si d'orée &
tiffée, que le cœur n'enfle au dedans &
consequemment que tout le reste ne-
branfle d'vne mesme fierté de la maniere qu'on dit les mules se regarder, si elles
sont braues & dorées ; marcher d'vn pas
plus superbe ou bien les cheuaux de

combat, si on leur met sus les bardes,
prendre cœur & se manier plus furieuse-
ment. Or ces pas, ces demarches, cette
contenance, ces gestes superbes & affe-
tez, sont aussi la compagne ordinaire des
artifices & bombances d'aujourd'huy,
Icy les obiections qu'on nous fait ne sont
point oüyes; Car nous ne faisons pas
doute que les femmes de Hierusalem ne
fussent aussi subtiles pour trouuer des res-
ponses, & les meres sur le mariage de
leurs filles & les mariées sur le desir de
plaire à la volonté de leurs maris. Tout
cela est mis au neãt. Et sur la declaration
des vices la sentence est prononcée de
forclusion, auec telles peines que c'est
bien dequoy faire trembler les plus superbes. Car Dieu declare qu'il à les
moyens de renuersser tout cét orgueil à
leur honte & leur faire porter le iuste
loyer de leur impureté. Elles veulent attirer les yeux du monde à l'admiration de
leurs pompes & receuoir de l'honneur de
tant de vanitez, mais là dessus Dieu dit
qu'il les mettra voirement en monstre &
sur l'eschaffaut, mais toutes couuertes
d'ordure & d'ignominie, pour y contempler ses iugemens. Elles font cas de

leur teint, de leur beauté & n'oublient
rien pour attraire les regards d'vn chacun. Or Dieu declare que puis qu'elles
n'ont point de honte de ſe proſtituer ainſi aux conuoitiſes du monde que luy-
meſme les proſtituera auec tout deshonneur, Elles ſe plaiſent en leurs cheueux
& ne peuuent ſupporter que cette partie
là ſoit couuerte, ce ſera là auſſi que Dieu
mettra la main pour les deſcouurir auec
opprobre & les deſcheueler du tout,
Elles aiment à donner leurs gorges &
tettes nuds aux yeux des hommes, Dieu
paſſera outre & les mettra toutes nuës
deuant vn chacun. Or quand Dieu donne cét Arreſt les moyens ne luy en peuuent defaillir de l'executer, puis qu'il eſt
en ſa puiſſance deſmouuoir des guerres
& à mener l'ennemy dans le pays pour
mettre en ruine & deſolatiõ les familles
& liurer ces orgueilleuſes & mondaines
auec leurs filles de chambre, qui les attif-
fent non ſeulement à leurs valets, mais
auſſi aux bourreaux de la Iuſtice diuine,
pour les traiter & reueſtir de toute vilenie & deshonneur. Et quant à ce que les
femmes diſent qu'elles s'accouſtrent ainſi pour plaire à leurs maris, il n'oublient

pas cela. Car il declare que puis que les maris ont defiré que leurs femmes fe fiffent voir en tel eftat & qu'ils ont fouffert tels defordres & diffolutions dans leurs familles, qu'il ne les efpargnera non plus. Voire il adioufte que tous ces excez luy font tellement à contrecœur, que quand les Villes les foufriront & que le Magiftrat n'y donnera ordre, les Villes & les Eftats feront mis en proye, en defgouft & diffolution. Or fi ces chofes furent alors dénoncées auec vne vehemence de courroux par la Majefté Diuine, auffi il ne tarda pas beaucoup qu'elles ne fuffent executées auec vne indignation plus grande fur tout le peuple des Iuifs, felon qu'il fe lit dans leurs Hiftoires. Et bien n'eft-ce pas affez pour nous rendre fages par les mal-heurs d'autruy. Car nous auons affaire à vn mefme Dieu, duquel les Arrefts qui font irreuocables, ont lieu par tout fans demander Pareatis. Car fi Dieu fe courrouçoit alors pour des oreilletes, des gymples & autres menuës befognes, qui ont efté nommées cy-deuant, comment penfons-nous qu'il ait agreable de voir nos Nymphes d'aujourd'huy auec leurs

tresses, leurs chaisnes, leurs Carquans,
leurs dorures, leurs visages reluisans de
tant d'artifices, cette gorge descouuerte, ce sein à nud, ce port, ce maintien
auec tant de faste ? Tout cela ne descou-
ure-il point l'impureté de leur cœur ? Et
ce ne fut point seulement sur le peuple
Iuif, que Dieu desploya ses vengences
pour telles dissolutions, si aussi nous n'en
auions d'autres exemples : Caton le
grand predit delà la ruine de sa republique. Et sainct Cyprian qui fait men-
tion des grandes persecutions, que l'E-
glise souffrit de son temps, publie que la
cause principale de tout le mal venoit de
ces excez & dissolutions. C'est donc à
nous d'y prendre garde & quand nous y
penserons bien, il se trouuera que desia
nous en portons la peine. Ie laisse à part
les diuers accidens qui nous troublent
tous les iours & changent toutes nos
gayetez & pompes en duëil comme sont
la mort des maris, d'où les veufues prennent souuent sujet ou excuse de tous
leurs desordres, ou bien la mort des enfans, qu'on aura si curieusement & sans
espargne reuestu d'or & des vanitez,
comme autant d'Idoles qu'on adore. Ie

Au traic-
té de
Lapsis.

laiſſe les maladies & autres inconueniens
qui auront couuert de l'aideur de honte
& de regret ce teint , ce poil, cette beauté ſi cherie auec tant de ſoin. Ie laiſſe les
jalouſies , le deshonneur , la corruption
des femmes , dont nous auons cy-deuant
parlé & qui ſont deſia autant d'execu-
tions viſibles des vengences de Dieu,
ſans oublier les pitoyables effets de la
guerre , qui nous trauaillent de ſi long-
temps, pertes des maris , violemens des
filles & des femmes & deſolation preſque de toute la campagne. Qui fera doute que Dieu n'ait le bras deſia leué pour
executer ce meſme Arreſt iadis, dénoncé
par le Prophete ſur nos excez & ſuper-
bitez? Et pour deſtruire finalement tout
l'Eſtat par vne derniere ruine, s'il n'y eſt
promptement pourueu par vne bonne
reformation. Que s'il y en a aucuns qui
s'endurciſſent & qui n'en apprehendent
les ſuites , au moins que ceux qui font
eſtat d'vne connoiſſance & crainte de
Dieu plus grande, ne pechent plus afin
de ſauuer leurs ames parmy ſes deſordres , comme le iuſte Loth fuyant de
Sodome.

La conclusion de ce Traité.

OR puis qu'il nous appert que la volonté de Dieu est si claire & que l'authorité de deux Apostres est si certaine qu'il n'y a rien qu'on puisse opposer contre: ie n'ay plus affaire sinon d'exhorter vn chacun de si assujetir & de venir prendre delà, les reglemens pour tout l'Estat exterieur de leurs personnes. Nous faisons profession d'obeïr à Dieu, ils nous seroit mal-seant de manquer en cette partie de nostre vie & de faire les mutins pour des vanitez, comme iadis les Dames Romaines contre leurs Consuls. Car se vanter d'auoir renoncé au monde pour vouloir seruir encore à ses cupiditez, d'auoir despoüillé le vieil homme pour vestir comme par despit ses fruits & appetits desreglez & de penser débattre pour donner à nos conuoitises plus de licence que Dieu ne veut, ce seroit regarder derriere comme la femme de Loth. Ie ne doute pas pourtant qu'il ne soit fascheux à plusieurs qui ont comme veilly dans ses vaines delices, de s'assuietir à ce changement d'Estat,

mais quand ils considereront qu'en
obeïssant, ils feront chose agreable à
Dieu & vne espargne de leurs moyens,
pour estre employez à meilleurs vsages,
ce changement ne leur fera pas tant de
mal au cœur. Car ce ne sont que foles
curiositez, matieres vaines & nuisibles,
mesme à la bourse & que nous deuons
venir ietter, comme les Efesiens dedans
le feu, ores qu'elles soient de grand prix.
On sçait la prudence, dont vsent les ma-
riniers durant la tourmente. Car s'il faut
descharger le vaisseau pour sauuer leurs
vies, ils font iect de leurs marchandises
plus cheres. Or en ce danger où nous
sommes de faire naufrage dans les corruptions de ce monde, voudrions-nous re-
fuser de faire iect de ses matieres vaines
& nuisibles? puis qu'il y va de nostre vie,
qui nous doit estre plus chere le vestement. Nous n'en deuons pas faire les di-
ficiles, puis que desia nous nous sommes
voüez à Iesus-Christ, afin qu'il nous san-
ctifiât, tant en nos corps qu'en nos ames.
Or ce ne seroit pas assez, si nos vestemens qui nous touchent de si prés, ne
l'estoient aussi. Car si iadis le lepre estoit
en cette partie, la Loy vouloit qu'elle

Aux
actes
ch. 19.

Leuit.
13.

fut retranchée & mise au feu par le sacrificateur : C'est à dire que s'il y a tasche de vice & d'ordure en nos vestemens, il faut que nous venions à Iesus-
Christ nostre souuerain Sacrificateur &
que nous souffrions qu'il nous en despoüille, afin que nostre purgation &
sanctification soit parfaite. Et à cét effet il faut que nous ayons en telle reuerence sa parole que lors qu'il parlera,
nous soyons tous prests d'y obeyr de
point en point. Le Patriarche Iacob
n'eust pas si tost dit qu'il vouloit reformer sa maison, qu'à l'instant il n'y eut
aucun de sa famille qui ne changast ses
vestemens, despoüillant toutes choses
estranges, iusques aux oreilletes pour en
fouyr le tout dans la terre. Et bien voila
le Fils de Dieu qui nous propose en sa
parole vn Estat de Reformation touchant nos vestemens, non pour nous en
priuer, mais seulement pour en oster les
superfluitez qui luy déplaisent ? Et quoy
sa parole aura telle moins d'authorité &
de puissance sur nous que celle d'vn
homme mortel. I'a n'aduienne, car
plustost que ce blasme nous soit impu-
té, il faut mettre bas tout cét or mou-

Genes.
35.

lu, ſes paſſemens de fil d'or & d'argent
& toutes ſes braueries qui ne rendent
pas meilleurs, n'y plus beaux deuant
Dieu ceux qui les portent, au rebours de
ceux-là deſquels les ornemens & magnificences ſont d'eſtre pluſtoſt nobles
en grace & en vertu, qu'en toutes ſes
vanitez-là. Car auſſi ſes pompes ſes attiffemens & ſes matieres periſſantes ne
leur furent iamais propres. Et comment les penſerions-nous propres aujourd'huy que l'Eſtat eſt en deſolation
& que l'indignation de Dieu ſemble
deſia paroiſtre par tout. Helas ſeroit-
il bien temps d'eſleuer ſes cheueux en
treſſes & non pas pluſtoſt les reſſer-
rer, ſeroit-il bien temps diſ-ie de mon-
ſtrer ſes tettes & cette gorge nuë &
non pas pluſtoſt veſtir le ſac & la cein-
dre, Bref ſeroit-il bien temps deſta-
ler ſur leurs chefs ſes guirlandes & galands qu'elles appellent & non pas pluſtoſt s'abattre deuant la Maieſté de
Dieu. Car à voir comment le monde
va, il meſchape de dire de nos Dames, ce que Tertullian diſoit de celles de ſon temps, Ie ne croiray pas ai-
ſément que ſes tendre mains des fem-

mes, qui ont accoustumé d'estre si mignardement resserrées d'vn menu bras-
selet, puissent porter long-temps la pe-
santeur d'vne chaisne de fer pour le nom
de Iesus-Christ. Et ne sçay si cette tendre cuisse que l'on serre si iustement
d'vne jarretierre si douce, voudroit en-
durer d'estre mise aux ceps & crain-
droit que ce col si braue & si plain de
Carquans, de perles & demeraudes, ne
voulut pas receuoir la corde n'y se presenter à l'espée pour la gloire de Dieu.
Mais il est temps de finir. Car aussi nous
sommes proches de la fin des siecles. Le
Redempteur est tout prest de venir, allons au deuant de l'Espoux, non en vn
vestement mondain & prophane, mais
en celuy d'vne chaste & humble Espou-
se pour luy estre pleinement conioints.
Et faisons auec sainct Paul cette priere
à Dieu de nous vouloir sanctifier entierement, non seulement nostre esprit &
nostre ame, mais aussi le corps & le vestement qui en despend, iusques à la venuë
de Iesus-Christ auquel, comme au Pere
& au S. Esprit soit honneur, gloire & em-
pire à iamais.

FIN.